JN417829

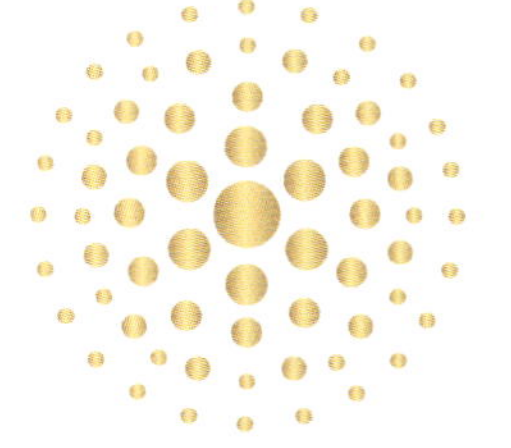

바로보인

전등록 傳燈錄

2

농선 대원 역저

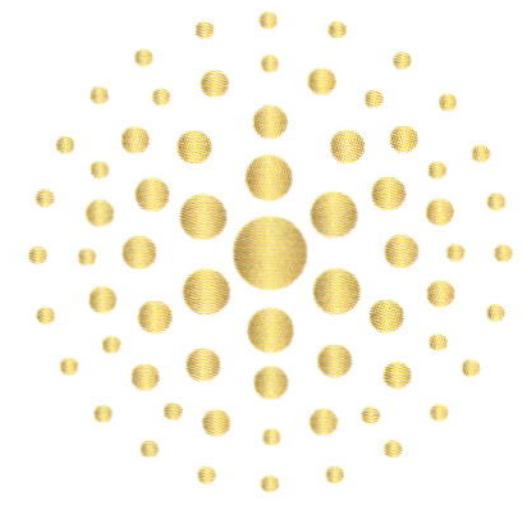

이 원상은 농선 대원 선사님께서 직접 그리신 것으로 모든 불성이 서로 상즉해 공존하는 원리를 담은 것이다.

선 심(禪心)

누리 삼킨 참나를
낙화(落花)로 자각(自覺)
떨어지는 물소리로 웃고 가는 길
돌에서 꽃에서도 님이 맞는다

정맥 선원의 문젠 마크는 농선 대원 선사님께서 마음을 상징하는 달(moon)과 그 마음을 깨달아 마음이 내가 된 삶인 선(zen)을 평화의 상징인 비둘기로 형상화하신 것이다.

교조 석가모니 부처님과
부처님으로부터 직계로 내려온
불조정맥 78대 조사들의
진영과 전법게

불조정맥

불조정맥이란 석가모니 부처님으로부터 현 78대 조사에 이르기까지 스승에게 깨달음의 인증인 인가를 받아 법을 전하라는 부촉을 받은 전법선사의 맥이다. 여기에 실린 불조진영과 전법게는 농선 대원 선사님께서 다년간 수집 정리하여 기도와 관조 끝에 완성하여 수립하신 것이다. 각 선사의 진영과 함께 실린 전법게는 스승으로부터 직접 전해 받은 게송이다. 단, 석가모니 부처님 진영에 실린 게송은 석가모니 부처님의 게송이다.

교조 석가모니 부처님

환화라고 하는 것 근본 없어 생긴 적도 없어서 幻化無因亦無生
모두가 스스로 이러-해서 본다 함도 이러-하네 皆則自然見如是
모든 법도 스스로 화한 남, 아닌 것이 없어서 諸法無非自化生
환화라 하지만 남이 없어 두려워할 것도 없네 幻化無生無所畏

제1조 마하가섭 존자

법이라는 본래 법엔 법이랄 것 없으나	法本法無法
법이랄 것 없다는 법, 그 또한 법이라	無法法亦法
이제 법이랄 것 없음을 전해줌에	今付無法時
법이라는 법인들 그 어찌 법이랴	法法何曾法

제2조 아난다 존자

법이란 법 본래의 법이라	法法本來法
법도 없고 법 아님도 없으니	無法無非法
어떻게 온통인 법 가운데	何於一法中
법 있으며 법 아닌 것 있으랴	有法有非法

제3조 상나화수 존자

본래의 법 전함이 있다 하나	本來付有法
전한 말에 법이랄 것 없다 했네	付了言無法
각자가 스스로 깨달으라	各各須自悟
깨달으면 법 없음도 없다네	悟了無無法

제4조 우바국다 존자

법 아니고 마음도 아니어서	非法亦非心
맘이랄 것, 법이랄 것 없나니	無心亦無法
마음이다, 법이다 설할 때는	說是心法時
그 법은 마음법이 아니로다	是法非心法

제5조 제다가 존자

마음이란 스스로인 본래의 마음이니	心自本來心
본래의 마음에는 법 있는 것 아니로다	本心非有法
본래의 마음 있고 법이란 것 있다 하면	有法有本心
마음도 아니요 본래 법도 아니로다	非心非本法

제6조 미차가 존자

본래의 마음법을 통달하면 通達本心法
법도 없고, 법 아님도 없도다 無法無非法
깨달으면 깨닫기 전과 같아 悟了同未悟
마음이니, 법이니 할 것 없네 無心亦無法

제7조 바수밀 존자

맘이랄 것 없으면 얻음도 없어서 無心無可得
설함에 법이라 이름할 것도 없네 說得不名法
만약에 맘이라 하면 마음 아님 깨달으면 若了心非心
비로소 마음인 마음법 안다 하리 始解心心法

제8조 불타난제 존자

가없는 마음으로 心同虛空界
가없는 법 보이니 示等虛空法
가없음을 증득하면 證得虛空時
옳고 그른 법이 없다 無是無非法

제9조 복타밀다 존자

허공이 안팎 없듯 虛空無內外
마음법도 그러하다 心法亦如此
허공이치 요달하면 若了虛空故
진여이치 통달하네 是達眞如理

제10조 파율습박(협) 존자

진리란 본래에 이름할 수 없으나 眞理本無名
이름에 의하여 진리를 나타내니 因名顯眞理
받아 얻은 진실한 법이라고 하는 것 受得眞實法
진실도 아니요, 거짓도 아니로세 非眞亦非僞

제11조　부나야사 존자

참된 몸 스스로 이러-히 참다우니	眞體自然眞
참됨을 설함으로 인해 진리란 것 있다 하나	因眞說有理
참답게 참된 법을 깨달아 얻으면	領得眞眞法
베풀 것도 없으며 그칠 것도 없다네	無行亦無止

제12조　아나보리(마명) 존자

미혹과 깨침이란 숨음과 드러남 같다 하나	迷悟如隱顯
밝음과 어둠이 서로가 여읠 수 없는 걸세	明暗不相離
이제 숨음이 드러난 법 부촉한다지만	今付隱顯法
하나도 아니요, 둘도 또한 아니로세	非一亦非二

제13조　가비마라 존자

숨었느니 드러났느니 하지만 본래의 법에는	隱顯卽本法
밝음과 어두움이 원래에 둘 아니라	明暗元不二
깨달아 마친 법을 전한다고 하지만	今付悟了法
취함도 아니요, 여읨도 아니로세	非取亦非離

제14조　나가르주나(용수) 존자

숨을 수도, 드러날 수도 없는 법이라 함	非隱非顯法
이것이 참다운 실제를 말함이니	說是眞實際
숨음이 드러난 법 깨달았다 하나	悟此隱顯法
어리석음도 아니요 지혜로움도 아니로다	非愚亦非智

제15조　가나제바 존자

숨었느니 드러났느니 하면 법에 밝다 하랴	爲明隱顯法
밝게 해탈의 이치를 설하려면	方說解脫理
저 법에 증득한 바도 없는 마음이어야 하니	於法心不證
성낼 것도 없으며 기쁠 것도 없다네	無嗔亦無喜

제16조 라후라타 존자

본래에 법을 전할 사람 대해	本對傳法人
해탈의 진리를 설하나	爲說解脫理
법엔 실로 증득한 바 없어서	於法實無證
마침도 비롯함도 없느니라	無終亦無始

제17조 승가난제 존자

법에는 진실로 증득한 바 없어서	於法實無證
취함도 없으며 여읨도 없느니라	不取亦不離
법에는 있다거나 없다는 상도 없거늘	法非有無相
안이니 밖이니 어떻게 일으키리	內外云何起

제18조 가야사다 존자

맘 바탕엔 본래에 남 없거늘	心地本無生
바탕의 인, 연을 좇아 일으키나	因地從緣起
연과 종자 서로가 방해 없어	緣種不相妨
꽃과 열매 그 또한 그러하네	華果亦復爾

제19조 구마라다 존자

마음의 바탕에 지닌 종자 있음에	有種有心地
인과 연이 능히 싹 나게 하지만	因緣能發萌
저 연에 서로가 걸림이 없어서	於緣不相礙
마땅히 난다 해도 남이 남 아니로세	當生生不生

제20조 사야다 존자

성품에는 본래에 남 없건만	性上本無生
구하는 사람 대해 설할 뿐	爲對求人說
법에는 얻은 바 없거늘	於法旣無得
어찌 깨닫고, 깨닫지 못함을 둘 것인가	何懷決不決

제21조　바수반두 존자

말 떨어지자마자 무생에 계합하면　言下合無生
저 법계와 성품이 함께 하리니　同於法界性
만일 능히 이와 같이 깨친다면　若能如是解
궁극의 이변 사변 통달하리　通達事理竟

제22조　마노라 존자

물거품과 환 같아 걸릴 것도 없거늘　泡幻同無礙
어찌하여 깨달아 마치지 못했다 하는가　如何不了悟
그 가운데 있는 법을 통달하면　達法在其中
지금도 아니요, 옛 또한 아니니라　非今亦非古

제23조　학륵나 존자

마음이 만 경계를 따라서 구르나　心隨萬境轉
구르는 곳마다 실로 능히 그윽함에　轉處實能幽
성품을 깨달아서 흐름을 따르면　隨流認得性
기쁠 것도 없으며 근심할 것도 없네　無喜亦無憂

제24조　사자보리 존자

마음의 성품을 깨달음에　認得心性時
사의할 수 없다고 말하나니　可說不思議
깨달아 마쳐서는 얻음 없어　了了無可得
깨달아선 깨달았다 할 것 없네　得時不說知

제25조　바사사다 존자

깨달음의 지혜를 바르게 설할 때에　正說知見時
깨달음의 지혜란 이 마음에 갖춘 바라　知見俱是心
지금의 마음이 곧 깨달음의 지혜요　當心卽知見
깨달음의 지혜가 곧 지금의 함일세　知見卽于今

제26조 불여밀다 존자

성인이 말하는 지견은 聖人說知見
경계를 맞아서 시비 없네 當境無是非
나 이제 참성품 깨달음에 我今悟眞性
도랄 것도, 이치랄 것도 없네 無道亦無理

제27조 반야다라 존자

맘 바탕에 참성품 갖췄으나 眞性心地藏
머리도, 꼬리도 없으니 無頭亦無尾
인연 응해 만물을 교화함을 應緣而化物
지혜라고 하는 것도 방편일세 方便呼爲智

제28조 보리달마 존자

마음에서 모든 종자 냄이여 心地生諸種
일(事)로 인해 다시 이치 나느니라 因事復生理
두렷이 보리과가 원만하니 果滿菩提圓
세계를 일으키는 꽃 피우리 華開世界起

제29조 신광 혜가 대사

내가 본래 이 땅에 온 것은 吾本來此土
법을 전해 중생을 구함일세 傳法救迷情
한 송이에 다섯 꽃잎 피리니 一花開五葉
열매 맺음 자연히 이뤄지리 結果自然成

제30조 감지 승찬 대사

본래의 바탕에 연 있으면 本來緣有地
바탕의 인에서 종자 나서 꽃핀다 하나 因地種華生
본래엔 종자가 있은 적도 없어서 本來無有種
꽃핀 적도 없으며 난 적도 없다네 華亦不曾生

제31조 대의 도신 대사

꽃과 종자 바탕으로 인하니 華種雖因地
바탕을 쫓아서 종자와 꽃을 내나 從地種華生
만약에 사람이 종자 내림 없으면 若無人下種
남 없어 바탕에 꽃핀 적도 없다 하리 華地盡無生

제32조 대만 홍인 대사

꽃과 종자 성품에서 남이라 華種有生性
바탕으로 인해서 나고 꽃피우니 因地華生生
큰 연과 성품이 일치하면 大緣與性合
그 남은 나도 남 아니로세 當生生不生

제33조 대감 혜능 대사

정 있어 종자를 내림에 有情來下種
바탕 인해 결과 내어 영위하나 因地果還生
정이랄 것도 없고 종자랄 것도 없어서 無情旣無種
만물의 근원인 도의 성품엔 또한 남도 없네 無性亦無生

제34조 남악 회양 전법선사

마음의 바탕에 모든 종자 머금어져 心地含諸種
널리 비 내림에 모두 다 싹트도다 普雨悉皆生
단박에 깨달아 정을 다한 꽃피움에 頓悟華情已
보리의 과위가 스스로 이뤄졌네 菩提果自成

제35조 마조 도일 전법선사

마음의 바탕에 모든 종자 머금어져 心地含諸種
비와 이슬 만남에 모두 다 싹이 트나 遇澤悉皆萌
삼매의 꽃핌이라 형상이 없거늘 三昧華無相
무엇이 무너지고 무엇이 이뤄지랴 何壞復何成

제36조 백장 회해 전법선사

마음 외에 본래에 다른 법이 없거늘	心外本無法
부촉함이 있다 하면 마음법이 아닐세	有付非心法
원래에 마음법 없음을 깨달은	旣知非法心
이러-한 마음법을 그대에게 부촉하네	如是付心法

제37조 황벽 희운 전법선사

본래에 말로는 부촉할 수 없는 것을	本無言語囑
억지로 마음의 법이라 전함이니	强以心法傳
그대가 원래에 받아 지닌 그 법을	汝旣受持法
마음의 법이라고 다시 어찌 말하랴	心法更何言

제38조 임제 의현 전법선사

마음의 법 있으면 병이 있고	病時心法在
마음의 법 없으면 병도 없네	不病心法無
내 부촉한 마음의 법에는	吾所付心法
마음의 법 있는 것 아니로세	不在心法途

제39조 흥화 존장 전법선사

지극한 도는 간택함이 없으니	至道無揀擇
본래의 마음이라 향하고 등짐이 없느니라	本心無向背
이 같음을 감당해 이으려는가?	便如此承當
봄바람에 곤한 잠을 더하누나	春風增瞌睡

제40조 남원 혜옹 전법선사

대도는 온통 맘에 있다지만	大道全在心
맘에 구함 있으면 그르치네	亦非在心求
그대에게 부촉한 자심의 도에는	付汝自心道
기쁨도 근심도 없느니라	無喜亦無憂

제41조 풍혈 연소 전법선사

나 이제 법 없음을 말하노니	我今無法說
말한 바가 모두 다 법 아니라	所說皆非法
법 없는 법 지금에 부촉하니	今付無法法
이 법에도 머무르지 말아라	不可住于法

제42조 수산 성념 전법선사

말한 적도 없어야 참법이니	無說是眞法
이 말함은 원래에 말함 없네	其說元無說
나 이제 말한 적도 없을 때	我今無說時
말함이라 말한들 말함이랴	說說何曾說

제43조 분양 선소 전법선사

예로부터 말함 없음 부촉했고	自古付無說
지금의 나 또한 말함 없네	我今亦無說
다만 이 말함 없는 마음을	只此無說心
모든 부처 다 같이 말한 바네	諸佛所共說

제44조 자명 초원 전법선사

허공이 형상이 없다 하나	虛空無形像
형상도, 허공도 아닐세	形像非虛空
내 부촉한 마음의 법이란	我所付心法
공도 공한 공이어서 공 아닐세	空空空不空

제45조 양기 방회 전법선사

허공이 면목이 없듯이	虛空無面目
마음의 상 또한 이와 같네	心相亦如然
곧 이렇게 비고 빈 마음을	卽此虛空心
높은 중에 높다고 하는 걸세	可稱天中天

제46조 백운 수단 전법선사

마음의 본체가 허공같아 心體如虛空
법 또한 허공처럼 두루하네 法亦遍虛空
허공 같은 이치를 증득하면 證得虛空理
법도 아니요, 공한 맘도 아니로세 非法非心空

제47조 오조 법연 전법선사

도에는 나라는 나 원래 없고 道我元無我
도에는 맘이란 맘 원래 없네 道心元無心
오직 이 나라 함도 없는 법으로 唯此無我法
나라 함 없는 맘에 일체하네 相契無我心

제48조 원오 극근 전법선사

참나에는 본래에 맘이랄 것 없으며 眞我本無心
참마음엔 역시나 나랄 것 없으나 眞心亦無我
이러-히 참답게 참마음에 일체되면 契此眞眞心
나를 나라 한들 어찌 거듭된 나겠는가 我我何曾我

제49조 호구 소륭 전법선사

도 얻으면 자재한 마음이고 得道心自在
도 얻지 못하면 근심이라 하나 不得道憂惱
본래의 마음의 도 부촉함에 付汝自心道
기쁨도, 근심도 없느니라 無喜亦無惱

제50조 응암 담화 전법선사

맑던 하늘 구름 덮인 하늘 되고 天晴雲在天
비 오더니 젖어있는 땅일세 雨落濕在地
비밀히 마음을 부촉함이여 秘密付與心
마음법이란 다만 이것일세 心法只這是

제51조 밀암 함걸 전법선사

부처님은 눈으로써 별을 보고	佛用眼觀星
난 귀로써 소리를 들었도다	我用耳聽聲
나의 함이 부처님의 함과 같아	我用與佛用
내 밝음이 그대의 밝음일세	我明汝亦明

제52조 파암 조선 전법선사

부처와 더불어 중생의 보는 것이	佛與衆生見
원래 근본 부처인데 금 그은들 바뀌랴	元本佛隔線
그대에게 부촉한 본연의 마음법에는	付汝自心法
깨닫고 깨닫지 못함도 없느니라	非見非不見

제53조 무준 사범 전법선사

내가 만약 봄이 없다 할 때에	我若不見時
그대 응당 봄이 없이 보아라	汝應不見見
봄에 봄 없어야 본연의 봄이니	見見非自見
본연의 마음이 언제나 드러났네	自心常顯現

제54조 설암 혜랑 전법선사

진리는 곧기가 거문고줄 같다는데	眞理直如絃
어떻게 침묵이나 말로 다시 할 것인가	何默更何言
나 이제 그대에게 공교롭게 부촉하니	我今善付囑
밝힌 마음 본래에 얻음이 없는 걸세	表心本無得

제55조 급암 종신 전법선사

사람에겐 미혹하고 깨달음이 본래 없는데	本無迷悟人
미했느니 깨쳤느니 제 스스로 분별하네	迷悟自家計
젊어서 깨달았다 말이나 한다면	記得少壯時
늙어서까지라도 깨닫지 못할 걸세	而今不覺老

제56조 석옥 청공 전법선사

이 마음이 지극히 광대하여	此心極廣大
허공에 비할 수도 없다네	虛空比不得
이 도는 다만 오직 이러-하니	此道只如是
밖으로 찾음 쉬어 받아 지녔네	受持休外覓

제57조 태고 보우 전법선사

지극히 큰 이것인 이 마음과	至大是此心
지극히 성스러운 이것인 이 법이라	至聖是此法
등불과 등불의 광명처럼 나뉨 없음	燈燈光不差
이 마음 스스로가 통달해 마침일세	了此心自達

제58조 환암 혼수 전법선사

마음 중의 본연의 마음과	心中有自心
법 중의 지극한 법을	法中有至法
내가 지금 부촉한다 하나	我今可付囑
마음법엔 마음법이라 함도 없네	心法無心法

제59조 구곡 각운 전법선사

온통인 도, 마음의 광명이라 할 것도 없으나	一道不心光
과거, 현재, 미래와 시방을 밝힘일세	三際十方明
어떻게 지극히 분명한 이 가운데	何於明白中
밝음과 밝지 않음 있다고 하리오	有明有不明

제60조 벽계 정심 전법선사

나 지금 법 없음을 부촉하고	我無法可付
그대는 무심으로 받는다 하나	汝無心可受
전함 없고 받음 없는 맘이라면	無付無受心
누구라도 성취하지 못했다 하랴	何人不成就

제61조 벽송 지엄 전법선사

마음이 곧 깨달음의 마음이요	心卽能知心
법이 곧 깨달음의 법이라	法卽可知法
마음법을 마음법이라 전한다면	法心付法心
마음도, 법도 아닐세	非心亦非法

제62조 부용 영관 전법선사

조사와 조사가 법 없음을 부촉한다 하나	祖祖無法付
사람과 사람마다 본래 스스로 지님일세	人人本自有
그대는 부촉함도 없는 법을 받아서	汝受無付法
긴요히 뒷날에 전하도록 하여라	急着傳於後

제63조 청허 휴정 전법선사

참성품은 본래에 성품이라 할 것 없고	眞性本無性
참법은 본래에 법이라 할 것 없네	眞法本無法
법이니 성품이니 할 것 없음 깨달으면	了知無法性
어떠한 곳엔들 통달하지 못하랴	何處不通達

제64조 편양 언기 전법선사

법도 아니고 법 아님도 아니고	非法非非法
성품도 아니고 성품 아님도 아니며	非性非非性
마음도 아니고 마음 아님도 아님이	非心非非心
그대에게 부촉하는 궁극의 마음법일세	付汝心法竟

제65조 풍담 의심 전법선사

부처님이 전하신 꽃 드신 종지와	師傳拈花宗
내가 미소지어 보인 도리를	示我微笑法
친히 손수 그대에게 분부하니	親手分付汝
받들어 지녀 누리에 두루하게 하라	持奉遍塵刹

제66조 월담 설제 전법선사

깨달아선 깨달은 바 없으며	得本無所得
전해서는 전함 또한 없느니라	傳亦無可傳
전함도 없는 법을 부촉함이여	今付無傳法
동서가 온통한 하늘일세	東西共一天

제67조 환성 지안 전법선사

전하거나 받을 법이 없어서	無傳無受法
전하거나 받는다는 맘도 없네	無傳無受心
부촉하나 받은 바 없는 이여	付與無受者
허공의 힘줄마저 뽑아서 끊었도다	掣斷虛空筋

제68조 호암 체정 전법선사

연류에 따른 일단사여	沿流一段事
머리도 꼬리도 필경 없네	竟無頭與尾
사자새끼인 그대에게 부촉하니	付與獅子兒
사자후 천지에 가득케 하라	哨吼滿天地

제69조 청봉 거안 전법선사

서 가리켜 동에 그림이여	指西喚作東
풍악산의 뭇 봉우리로다	楓嶽山衆峰
불조의 이러한 법을	佛祖之此法
너에게 분부하노라	分付今日汝

제70조 율봉 청고 전법선사

머리도 꼬리도 없는 도리	無頭尾道理
오늘 그대에게 전해주니	今日傳授汝
이후로 보림을 잘 하여서	此後善保任
영원히 끊어짐이 없게 하라	永遠無斷絕

제71조 금허 법첨 전법선사

그믐날 근원에 돌아간다 말했으나	晦日豫言爲還元
법신에 그 어찌 가고 옴이 있으랴	法身何有去與來
푸른 하늘 해 있고, 못 가운데 연꽃일세	日在靑天池中蓮
이 법을 분부하니 끊어짐이 없게 하라	此法分付無斷絶

제72조 용암 혜언 전법선사

'연꽃이 나왔다' 하여 보인 큰 도리를	示出蓮之大道理
다시 또 뜰 밑 나무 가리켜 보여서	復亦指示庭下樹
후일의 크고 큰일 그대에게 부촉하니	後日大事與咐囑
잘 지녀 보림하여 끊어짐 없게 하라	保任善持無斷絶

제73조 영월 봉율 전법선사

사느니 죽느니 이 무슨 말들인고	生也死也是何言
물밭엔 연꽃이고 하늘엔 해일세	水田蓮花在天日
가없이 이러-해서 감출 수 없이 드러남	無邊無藏露如是
오늘 네게 분부하니 끊어짐 없게 하라	今日分付無斷絶

제74조 만화 보선 전법선사

봄산과 뜬구름을 동시에 보아라	春山浮雲觀同時
중생들의 이익될 바 그 가운데 있느니라	普益衆生在其中
이 가운데 도리를 이제 네게 부촉하니	此中道理今付汝
계승해 끊임없이 번성케 할지어다	繼承無斷爲繁盛

제75조 경허 성우 전법선사

하늘의 뜬구름이 누설한 그 도리를	浮雲漏泄其道理
오늘날 선자에게 부촉하여 주노니	今日咐囑與禪子
철저하게 보림하여 모범을 보임으로	保任徹底示模範
후세에 끊어짐이 없게 할 맘, 지니게나	後世無斷爲持心

제76조 만공 월면 전법선사

구름과 달, 산과 계곡이라, 곳곳에서 같음이여	雲月溪山處處同
선가의 나의 제자 수산의 큰 가풍일세	叟山禪子大家風
은근히 무문인을 그대에게 분부하니	慇懃分付無文印
이 기틀의 방편이 활안 중에 있노라	一段機權活眼中

제77조 전강 영신 전법선사

불조도 전한 바 없어서	佛祖未曾傳
나 또한 얻은 바 없음을…	我亦無所得
가을빛 저물어 가는 날에	此日秋色暮
뒷산의 원숭이가 울고 있네	猿嘯在後峰

제78대 농선 대원 전법선사

부처와 조사도 일찍이 전한 것이 아니거늘	佛祖未曾傳
나 또한 어찌 받았다 하며 준다 할 것인가	我亦何受授
이 법이 2천년대에 이르러서	此法二千年
널리 천하 사람을 제도하리라	廣度天下人

부처님으로부터 직계로 내려온 불조정맥 제78대 농선 대원 선사님

농선 대원 전법선사의 3대 서원

오로지 정법만을 깨닫기 서원합니다.
입을 열면 정법만을 설하기 서원합니다.
중생이 다하는 그날까지 교화하기 서원합니다.

성불사 국제정맥선원 대웅전

성불사 국제정맥선원은

농선 대원 선사님께서 주석하시는 곳으로

대원 선사님의 지도하에 비구스님들이

직접 지은 도량이다.

불교 8대 선언문

불교는 자신에게서 영생을 발견하게 한 유일한 종교이다.
불교는 자신에게서 모든 지혜를 발견하게 한 유일한 종교이다.
불교는 자신에게서 모든 능력을 발견하게 한 유일한 종교이다.
불교는 자신에게서 모든 것을 이루게 한 유일한 종교이다.
불교는 자신에게서 극락을 발견하게 한 유일한 종교이다.
불교는 깨달으면 차별 없어 평등하다는 유일한 종교이다.
불교는 모든 억압 없이 자신감을 갖게 한 유일한 종교이다.
불교는 그러므로 온 누리에 영원할 만인의 종교이다.

농선 대원 전법선사 주창

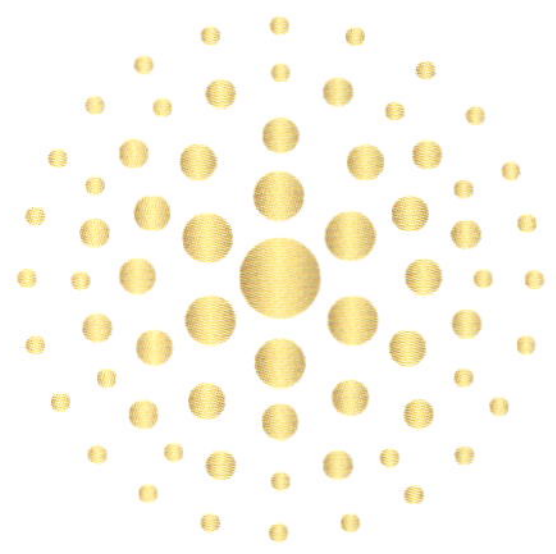

전세계의 불교계에서 통일시켜야 할 일

경전의 말씀대로 32상과 80종호를 갖춘 불상으로 통일해야 한다.

예불 드리는 법을 통일해야 한다.

불공의식을 통일해야 한다.

농선 대원 전법선사 주창

농선 대원 선사의 전등록 발간의 의의

선문(禪文)이란 말 밖의 말로 마음을 바로 가리켜 깨닫게 하여 그 깨달은 마음 바탕에서 닦아 불지(佛地)에 이르게 하는 문(門)이다. 그러기에 지식이나 알음알이로는 헤아려 알 수 없는 것이어서 깨달아 증득하여 일체종지(一切種智)를 이룬 이가 아니고는 그 요지를 바로 보아 이끌어 줄 수 없다.

지금 불교의 현실이 대본산 강원조차 이런 안목으로 이끌어 주는 선지식이 없어서 선종(禪宗) 최고의 공안집인 '전등록', '선문염송' 강의가 모두 폐강된 상황이다.

이에 대원 선사님께서는 불조(佛祖)의 요지가 말이나 글에 떨어져 생사해탈의 길이 단절되는 것을 염려하여 깨달음의 법을 선리(禪理)에 맞게 바로 잡는 역경 작업에 혼신을 다하고 계신다.

대원 선사님께서는 19세에 선운사 도솔암에서 활연대오한 후, 대선지식과의 법거량에서 한 치의 주저함도 없이 명쾌하게 응대하시니 당시 12대 선지식들께서 탄복해 마지않으셨다. 경봉 선사님과 조계종 지혜제일 전강 선사님과의 문답만을 보더라도 취모검과 같은 대원 선사님의 선지를 엿볼 수 있다.

맨 처음 통도사 경봉 선사님을 찾아뵈었을 때, 마침 늦가을 감나무에서 감을 따고 계신 경봉 선사님을 보자 감나무 주위를 한 번 돌고서 있으니, 경봉 선사님께서 물으셨다.

"어디서 왔는가?"

"호남에서 왔습니다."

"무엇을 공부했는가?"

"선을 공부했습니다."

"무엇이 선이냐?"

"감이 붉습니다."

"네가 불법을 아는가?"

"알면 불법이 아닙니다."

위의 문답이 있은 후 경봉 선사님께서는 해제 법문을 대원 선사님께 맡기셨으나 대원 선사님께서는 아직 그럴 때가 아니라 여겨져 그 이튿날인 해제일 새벽 직전에 통도사를 떠나와 버리셨다.

또 광주 동광사에서 처음 전강 선사님을 뵈었을 때, 20대 초면의 젊은 승려인 대원 선사님께 전강 선사님께서 대뜸 '달마불식 도리'를 일러보라 하셨다. 대원 선사님께서 아무 말없이 다가가 전강 선사님의 목에 있는 점 위의 털을 뽑아 버리고 종무소로 가니, 전강 선사님께서 "여기 사람 죽이는 놈이 있다."하며 종무소까지 따라오다 방장실로 돌아가셨다.

그 이후 대원 선사님께서 군산 은적사에서 전강 선사님을 시봉하며 모시고 계실 때, 전강 선사님께서 또 물으셨다.

"공적의 영지를 일러라."

"이러-히 스님과 대담합니다."

"영지의 공적을 일러라."

"스님과 대담에 이러-합니다."

"이러-한 경지를 일러라."

"명왕은 어상을 내리지 않고 천하일에 밝습니다."

대원 선사님의 답에 전강 선사님께서는 희색이 만면해서 고개를 끄덕이며 당신 처소로 돌아가셨다.

이에 그치지 않고 전강 선사님께서 대구 동화사 조실로 계실 때, 대원 선사님께 말씀하셨다.

"대중들이 자네를 산으로 불러내어 그 중에 법성(조계종 종정 진제스님)이 달마불식 도리를 일러보라 했을 때 '드러났다'라고 답했다는데, 만약에 자네가 양무제였다면 '모르오'라고 이르고 있는 달마 대사에게 어떻게 했겠는가?"

"제가 양무제였다면 '성인이라 함도 설 수 없으나 이러-히 짐의 덕화와 함께 어우러짐이 더욱 좋지 않겠습니까?'하며 달마 대사의 손을 잡아 일으켰을 것입니다."

그러자 전강 선사님께서 탄복하며 말씀하셨다.

"어느새 그 경지에 이르렀는가?"

"이르렀다곤들 어찌하며 갖추었다곤들 어찌하며 본래라곤들 어찌하리까? 오직 이러-할 뿐인데 말입니다."

대원 선사님의 대답에 전강 선사님께서 크게 기뻐하셨다.

이와 같이 대원 선사님께서는 20대 초반에 이미 어떤 선지식의 물음에도 전광석화와 같이 답하셨으며 그 법을 씀이 새의 길처럼 흔적 없는 가운데 자유자재하셨다.

깨달음의 방편에 있어서는 육조 대사께서 마주 앉은 자리에서 사람들을 깨닫게 하셨듯이, 제자들을 제접해 직지인심(直指人心)으로 스스로의 마음에 사무쳐 들게 하여 근기에 따라 보림해 갈 수 있도록 이끌어주시니, 꺼져가는 정법의 기치를 바로 일으켜 세움이라 하겠다.

또한 선지식이라면 이변(理邊)에서 뿐만이 아니라 사변(事邊)에서도 먼 안목으로 인류가 무엇을 어떻게 대비하며 살아가야 할지를 예언하고 이끌어 주어야 한다고 하셨다.

그래서 1962년부터 주창하시기를, 전 세계가 21세기를 '사막 경영의 시대'로 삼아 사막화된 지역에 '사막 해수로 사업'을 하여 원하는 지역의 기후를 조절해야 하고, 자원을 소모하는 발전소 대신 파도, 태양열, 풍력 등의 대체 에너지와 무한 원동기를 개발해야 한다고 하셨다. 또, 도로를 발전소화하여 전기를 생산하는 방법 등을 구체적으로 제안하시고, 천재지변을 대비하여 각자의 집에서 농사를 짓는 '울안의 농법'을 연구하시는 등 만인이 더 나은 삶을 살 수 있는 길을 끊임없이 일러 주고 계신다.

이와 같이 대원 선사님께서는 일체종지를 이룬 지혜로, '참나를 깨달아 마음이 내가 된 삶'을 위한 깨달음의 법으로부터 닥쳐오는 재난을 막고 지구를 가장 살기 좋은 세상으로 만드는 방편까지 늘 그 방향을 제시하고 계신다.

한편, 불교의 최고 경전인 '화엄경 81권'을 완간하여 불보살님의 불가사의한 화엄세계를 열어 보이셨으며, 선문 최대의 공안집인 '선문염송 30권' 1,463칙에 대하여 석가모니 부처님 이래 최초로 전 공안을 맑은 물 밑바닥 보듯이 회통쳐 출간하셨다.

이제 대원 선사님께서는 7불과 역대 조사들의 깨달음의 진수가 담긴 '전등록 30권'을 그런 혜안(慧眼)으로 조사마다 선리의 토끼뿔을 더해 닦아 증득할 수 있도록 밝혀 보이셨다. 그리하여 생사윤회길을 헤매는 중생들에게 해탈의 등불이 되고자 하셨으며, 불조(佛祖)의 정법이 후세에까지 끊어지지 않게 하여 부처님 은혜에 보답하고자 하셨다.

부처님 가신 지 오래 되어 정법은 약하고 삿된 법이 만연한 지금, 중생이 다하는 날까지 중생을 구제하기 서원하는 대원 선사님과 같은 명안종사(明眼宗師)가 계심은 불보살님의 자비광명이 이 땅에 두루한 은덕이라 하겠다.

바로보인 불법 ㊸

전傳 등燈 록錄

2

도서출판 문젠(구, 바로보인)은 정맥선원에서 운영하고 있습니다.

* 인제산(人濟山) 성불사(成佛寺) 국제정맥선원
경기도 포천시 내촌면 소리개길 86-178 ☎ 031-531-8805
* 인제산(人濟山) 이룬절 포천정맥선원
경기도 포천시 내촌면 소리개길 86-123 ☎ 031-531-2433
* 백양산(白楊山) 자모사(慈母寺) 부산정맥선원
부산시 동래구 아시아드대로 114번길 10 대륙코리아나 2층 212호 ☎ 051-503-6460
* 자모산(慈母山) 육조사(六祖寺) 청도정맥선원
경북 청도군 매전면 동산리 산 50 ☎ 010-4543-2460
* 광암산(光巖山) 성도사(成道寺) 광주정맥선원
광주광역시 광산구 삼도광암길 34 ☎ 062-944-4088
* 대통산(大通山) 대통사(大通寺) 해남정맥선원
전남 해남군 화산면 송계길 132-98 중정마을 ☎ 061-536-6366

바로보인 불법 ㊸

전 등 록 2

초판 1쇄 펴낸날 단기 4354년, 불기 3048년, 서기 2021년 8월 30일

역 저 농선 대원 선사
펴 낸 곳 도서출판 문젠(Moonzen Press)
11192, 경기도 포천시 내촌면 소리개길 86-178
전화 031-534-3373 팩스 031-533-3387
신고번호 2010.11.24. 제2010-000004호

편집윤문출판 법심 최주희, 법운 정숙경
인디자인 전자출판 지일 박한재
표 지 글 씨 춘성 박선옥
인 쇄 북크림

도서출판문젠 www.moonzenpress.com
정 맥 선 원 www.zenparadise.com
사막화방지국제연대(IUPD) www.iupd.org

값 15,000원
ISBN 978-89-6870-602-8
ISBN 978-89-6870-600-4 04220(전30권)

서 문

전등록은 말 없는 말이며 말 밖의 말이라서 학식이나 재치만으로는 번역이 실로 불가능한 일이다. 그러기에 육조단경(六祖壇經)을 보면 법화경을 삼천 번이나 독송한 법달(法達)은 글 한 자 모르시는 육조(六祖)께 경의 뜻을 물었고, 글을 모르시는 육조께서는 법화경의 바른 뜻을 설파하셔서 법달을 깨닫게 하신 것이다.

그런데 하루는 본인에게 법을 물으러 다니시던 부산의 목원 하상욱 본연님이 오셔서 시중에 나온 전등록 번역본 두세 가지를 보이시며 범인인 당신에게도 부처님과 조사님들의 본래 뜻에 맞지 않는 대문이 군데군데 눈에 뜨인다며 바른 의역의 필요성을 절감한다고 하셨다. 그 후로 전등록 번역을 바로 해주십사 하는 간청이 지극하여 비록 단문하나 이 일을 시작하게 되었다.

부처님과 조사님들의 근본 뜻에 어긋남이 없게 하기 위해 노력하였으나 약속한 기간 내에 해내기란 실로 벅찬 일이어서 혹시 미비한 점이 없지 않으리니 강호 제현의 좋은 지적이 있기를 바란다.

불법(佛法)이란 본자연(本自然)이라 누가 설(說)하고 누가 듣고 배울 자리요만 그렇지 못한 이가 또한 있어서 부처님과 조사님들의 허물이 생기는 것이다.

어떤 것이 부처인고?

화분의 빨간 장미니라.

이 가운데 남전(南泉) 뜰꽃 도리(道理)며 한산(寒山) 습득(拾得)의 웃음을 누릴진저.

단기(檀紀) 4354년

불기(佛紀) 3048년

서기(西紀) 2021년

무등산인 농선 대원 분향근서

(無等山人 弄禪 大圓 焚香謹書)

양억(楊億)의 경덕전등록 서문

석가모니께서 일찍이 연등 부처님의 수기를 받아, 현겁(賢劫)의 보처(補處)가 되어 이 땅에 탄강하시고 법을 펴서 교화하시기가 49년이었으니 방편과 진리, 돈오(頓悟)와 점수(漸修)의 문호를 여시고, 헤아릴 수 없이 많은 다양한 교법을 내려 주셨다.

근기(根機)에 따라 진리를 깨닫게 하신 데서 삼승(三乘)의 차별이 생겼으니, 사물에 접하는 대로 중생을 이롭게 하여 한량없는 중생을 제도하셨다. 그 자비는 넓고 컸으며 그 법식(法式)은 두루 갖추어져 있었다.

쌍림(雙林)에서 열반에 드실 때 가섭(迦葉)에게만 유촉하신 것이 차츰 차츰 전하여 달마에 이르러서 비로소 문자를 세우지 않고 마음의 근원을 곧바로 보이게 되었으니, 차례를 밟지 않고 당장에 부처의 경지에 오르게 되어 다섯 잎[1]이 비로소 무성하고 천 개의 등불[2]이 더욱 찬란하여서, 보배 있는 곳에 이른 이는 더욱 많고, 법의 바퀴를 굴린 이도 하나가 아니었다.

부처님께서 부촉하신 종지와 정법안장(正法眼藏)이 유통되는 도리는 교리 밖에서 따로 행해지는 불가사의(不可思議)한 것이다.

태조(太祖)께서 거룩하신 무력으로 전란을 진압하신 뒤에 사찰을 숭상하여 제도의 문을 활짝 여셨고, 태종(太宗)께서 밝으신 변재로 비밀한 법을 찬술하시어 참된 이치를 높이셨으며, 황상(皇上)[3]께서 높으신 학덕으로 조사의 뜻을 이어 거룩한 가르침에 머릿말을 쓰셔 종풍(宗風)을 잇게 하시니, 구름 같은 문장이 진리의 하늘에 빛나고, 부처의 황금같은 설법

---

1) 다섯 잎 : 중국 선종의 2조 혜가로부터 6조 혜능에 이르는 다섯 조사를 말한다.

2) 천 개의 등불 : 중국에 선법(禪法)이 전해진 이후 등장한 수많은 견성도인들을 말한다.

3) 황상(皇上) : 송의 진종(眞宗)을 말한다.

이 깨달음의 동산에 펼쳐졌다.

대장경의 말씀에 비밀히 계합하고, 인도로부터의 법맥이 번창하니, 뭇 선행을 늘리는 이가 더욱 많아졌고, 요의(了義)[4]를 전하는 사람들이 간간이 나타나서 원돈(圓頓)의 교화가 이 지역에 퍼졌다.

이에 동오(東吳)의 승려인 도원(道原)이 선열(禪悅)의 경지에 마음을 모으고, 불법의 진리를 샅샅이 찾으며, 여러 세대의 조사 법맥을 찾고, 제방의 어록(語錄)을 모아 그 근원과 법맥에 차례를 달고, 말씀들을 차례차례 엮되, 과거 7불로부터 대법안(大法眼)의 문도에 이르기까지 무릇 52세대, 1,701인을 수록하여 30권으로 만들어 경덕전등록이라 하여 대궐로 가지고 와서 유포해 주기를 청하였다.

황상께서는 불법을 밖으로부터 보호하고자 하시고, 승려들의 부지런함을 가상히 여겨 마음가짐을 신중히 하고 생각을 원대히 하여 좌사간(左司諫) 지제고(知制誥) 양억(楊億)과 병부원외랑(兵部員外郎) 지제고(知制誥) 이유(李維)와 태상승(太常承) 왕서(王曙) 등을 불러 교정케 하시니, 신(臣) 등은 우매하여 삼학(三學)[5]의 근본 뜻을 모르고 5성(五性)[6]의 방편에 어두우며, 훌륭한 번역 솜씨도 없고, 비야리 성에서 보인 유마 거사의 묵연(默然) 도리[7]에도 둔하건만 공손히 지엄하신 하명(下命)을 받들어 감히 끝내 사양하지 못하였다.

그 저술된 내용을 두루 살펴보면 대체로 진공(眞空)[8]으로써 근본을 삼고 있고, 옛 성인께서 도에 들던 인연을 서술할 때나 옛 사람이 진리를 깨달은 이야기를 표현할 때엔 근기와 인연의 계합함이 마치 활쏘기와 칼쓰

---

4) 요의(了義) : 일을 다 마친 도리, 깨달아서 깨달음마저 두지 않는 경지를 말한다.

5) 삼학(三學) : 계(戒), 정(定), 혜(慧).

6) 5성(五性) : 법상종의 용어. 일체중생의 근기를 다섯 성품으로 나누어서 성불할 근기와 성불하지 못할 근기로 나누었다.

7) 유마 거사의 묵연 도리 : 유마 거사가 비야리성에서 그를 문병하러 온 문수보살과 법담을 할 때 잠자코 말이 없음으로 불이(不二)의 도리를 드러내 보인 일을 말한다.

8) 진공(眞空) : 색(色)이니 공(空)이니를 초월해서 누리는 경지.

기가 알맞는 것 같아 지혜가 갖추어진 데서 광명을 내어, 채찍 그림자만 보고도 달리는 말과 같은 상근기자(上根機者)들에게 널리 도움이 되고 있다.

후학(後學)들을 인도함에는 현묘한 진리를 드날리고 있고, 다른 이야기를 가져올 때에는 출처를 밝히고 있으며, 다듬어지지 않은 부분도 많으나 훌륭한 부분도 찾아볼 수 있었다. 모든 대사들이 대중에게 도리를 보일 때에 한결같은 소리로 펼쳐 보이고 있으니 영특한 이가 귀를 기울여 듣는다면 무수한 성인들이 증명한다 할 것이다. 개괄해서 들추어도 그것이 바탕이어서 한군데만 취해도 그대로가 옳다.

만일 별달리 더 붓을 댄다면 그 돌아갈 뜻을 잃을 것이다. 중국과 인도에서의 말이 이미 다르지 않은데 자칫하면 구슬에다 무늬를 새기려다 보배에 흠집을 낼 우려가 있기에, 이런 종류는 모두 그대로 두었다. 더욱이 일은 실제로 행한 것만을 취해 기록하여 틀림없이 잘 서술했으나 말이란 오래도록 남아 전해지는 까닭에 전혀 문장을 다듬지 않을 수는 없었다.

어떤 사연을 기록할 때엔 그 자취를 자세히 하였고 말이 복잡해지거나 이야기가 저속한 것이 있으면 모두 삭제하되 문맥이 통하게 하였다.

유교(儒敎)의 대신이나 거사(居士)의 문답에 이르러 벼슬자리와 성씨가 드러난 이는 연대와 역사에 비추어 잘못을 밝히고, 사적(史籍)에 따라 틀린 점을 바로잡아 믿을 만한 전기가 되게 하였다.

만일 바늘을 던져 맞추듯 한 치의 어긋남 없이 도리를 밝히는 일이 아니거나, 번갯불이 치듯 빠른 기틀을 내보이는 일이 아니거나, 묘하게 밝은 참 마음을 보이는 일이 아니거나, 고(苦)와 공(空)의 깊은 이치를 조사(祖師)의 뜻 그대로 기술(記述)하는 일이 아니라면, 어떻게 등불을 전한다는 전등(傳燈)이라는 비유에 계합(契合)하는 그 극진한 공덕을 베풀 수 있었겠는가?

만일 감응(感應)한 징조만을 서술하거나 참문하고 행각한 자취만을 기록한다 할 것 같으면 이는 이미 승사(僧史)에 밝혀져 있는 것이니, 어째서 선가(禪家)의 말씀을 굳이 취하겠는가? 세대와 계보의 명칭을 남긴 것만이 아니라 스승과 제자가 이어지는 근거를 널리 기록하였다.

그러나 옛날 책에 실린 것을 보면 잘 다듬어지지 않은 내용을 수록하고 잘 다듬어진 것은 버린 일이 있는데, 다른 기록에 남아 있으면 해당하는 문장을 찾아 보완하고, 더욱 널리 찾아서 덧붙이기도 하였다. 또한 서문과 논설에 이르러 혹 옛 조사(祖師)의 문장이 아닌 것이 사이사이 섞이어 공연히 군소리가 되었으면 모두 간추려서 다 깎아버렸으니, 이같이 하여 1년 만에 일이 끝났다.

저희 신(臣)들은 성품과 식견이 우둔하고, 학문이 넓지 못하고, 기틀이 본래 얕고, 문장력은 부족하여 묘한 도리가 사람에게 달렸다고는 하나 마음에서 떠난 지 오래되고 깊은 진리를 나타내는 말이 세속에서 단절되어, 담벽을 마주한 듯 갑갑하게 지낸 적이 많았다. 과분하게도 추천해 주시는 은혜를 받았으나 아무 힘도 발휘하지 못했다. 편찬하는 일이 이미 끝났으므로 이를 임금님께 바친다. 그러나 임금님의 뜻에 맞지 않아, 임금님께서 거룩히 살펴보시는 데에 공연히 누만 끼치는 것이 아닌가 한다. 삼가 바친다.

한림학사조산대부행좌사간지제고동
수국사판사관사주국남양군개국후식읍
1천백호사자금어대신 양억 지음

景德傳燈錄序 昔釋迦文。以受然燈之夙記當賢劫之次補。降神演化四十九年。開權實頓漸之門。垂半滿偏圓之教。隨機悟理。爰有三乘之差。接物利生。乃度無邊之眾。其悲濟廣大矣。其軌式備具矣。而雙林入滅。獨顧於飲光。屈眗相傳。首從於達磨。不立文字直指心源。不踐楷梯徑登佛地。逮五葉而始盛。分千燈而益繁。達寶所者蓋多。轉法輪者非一。蓋大雄付囑之旨。正眼流通之道。教外別行不可思議者也。

聖宋啟運人靈幽贊。太祖以神武戡亂。而崇淨剎。闢度門。太宗以欽明禦辯。而述祕詮。暢真諦。皇上睿文繼志而序聖教繹宗風。煥雲章於義天。振金聲於覺苑。蓮藏之言密契。竺乾之緒克昌。殖眾善者滋多。傳了義者間出。圓頓之化流於區域。有東吳僧道原者。冥心禪悅。索隱空宗。披弈世之祖圖。采諸方之語錄。次序其源派。錯綜其辭句。由七佛以至大法眼之嗣。凡五十二世。一千七百一人。成三十卷。目之曰景德傳燈錄。詣闕奉進冀於流布。

皇上爲佛法之外護。嘉釋子之勤業。載懷重慎。思致悠久。乃詔翰林學士左司諫知制誥臣楊億。兵部員外郎知制誥臣李維。太常丞臣王曙等。同加刊削。俾之裁定。臣等昧三學之旨迷五性之方。乏臨川翻譯之能。懵毘邪語默之要。恭承嚴命。不敢牢讓。竊用探索匪遑寧居。考其論譔之意。蓋以真空爲本。將以述曩聖入道之因。標昔人契理之說。機緣交激。若拄於箭鋒。智藏發光。旁資於鞭影。

誘道後學。敷暢玄猷。而捃摭之來。徵引所出。糟粕多在。油素可尋。其有大士。示徒。以一音而開演。含靈聳聽。乃千聖之證明。屬概舉之是資。取少分而斯可。若乃別加潤色失其指歸。既非華竺之殊言。頗近錯雕之傷寶。如此之類悉仍其舊。況又事資紀實。必由於善敘。言以行遠。非可以無文。其有標錄事緣。縷詳軌跡。或辭條之紛糾。或言筌之猥俗。並從刊削。俾之綸貫。

至有儒臣居士之問答。爵位姓氏之著明。校歲歷以愆殊。約史籍而差謬。鹹用刪去。以資傳信。自非啟投針之玄趣。馳激電之迅機。開示妙明之真心。祖述苦空之深理。即何以契傳燈之喻。施刮膜之功。若乃但述感應之徵符。專敘參遊之轍跡。此已標於僧史。亦奚取於禪詮。聊存世系之名。庶紀師承之自然而舊錄所載。或掇粗而遺精。別集具存。當尋文而補闕。率加采擷。爰從附益。逮於序論之作。或非古德之文。問廁編聯徒增楦釀(楦釀二字出唐張燕公文集。謂冗長也)亦用簡別多所屏去。汔茲周歲方遂終篇。臣等性識媿於冥煩。學問慚於涉獵。天機素淺。文力無餘。妙道在人。雖刳心而斯久。玄言絕俗。固牆面以居多。濫膺推擇之私。靡著發揮之效。已克終於紬繹。將仰奉於清間。莫副宸襟空塵睿覽。謹上。

翰林學士朝散大夫行左司諫知制誥同
修國史判史館事柱國南陽郡開國侯食邑
一千百戶賜紫金魚袋臣楊億 撰

승려 희위(希渭)의 경덕전등록 재발간사

호주로(湖州路) 도량산(道場山) 호성만세선사(護聖萬歲禪寺)의 늙은 중 희위(希渭)는 본관이 경원로(慶元路) 창국주(昌國州)이며 성은 동(董)씨다.

어릴 때부터 고향의 성에 있는 관음선사(觀音禪寺)에 가서 절조(絶照) 화상을 스승으로 삼았고, 법명(法名)을 받게 되어 자계현(慈溪懸) 개수(開壽)의 보광선사(普光禪寺)에 가서 용원(龍源) 화상에 의해 머리를 깎고 중이 되었다.

그대로 오대율사(五臺律寺)로 가서 설애(雪涯) 화상에게 구족계를 받은 뒤에 짐을 꾸려 서쪽으로 향해 행각을 떠나 수행을 하다가 나중에 다시 은사이신 용원 화상을 만나 이 산으로 옮겨 왔다.

스승을 따라 배움에 참여하고 이로움을 구한 지 벌써 여러 해가 되었다. 항상 스승의 은혜를 생각하면서도 갚을 기회가 없었다. 그런데 삼가 윗대로부터의 부처와 조사들을 수록한 경덕전등록 30권을 보니 7불로부터 법안(法眼)의 법사(法嗣)에 이르기까지 전부 52세대(世代)인데, 경덕(景德)에서 연우(延祐) 병진년에 이르기까지 317년이나 지나서 옛 판본이 다 썩어버려 남아있지 않기 때문에 후학들이 보고 싶어도 볼 수가 없었다. 이에 발심하여 다시 간행한다.

홀연히 내 고향에 있는 천성선사(天聖禪寺)의 송려(松廬) 화상이 소장하고 있던, 여산(廬山)의 은암(隱庵)에서 찍은 옛 책이 가장 보존이 잘된 상태로 입수되었는데, 아주 내 마음에 들었다. 마침내 병진(丙辰)년 정월 10일에 의발 등속을 모두 팔아 1만 2천여 냥을 얻었다. 그날 당장에 공인(工人)에게 간행할 것을 명하여 조사의 도리가 세상에 유포되게 하였다. 이 책은 모두 36만 7천 9백 17자이다. 그해 음력 12월 1일에야 공인의 작업이 끝났다.

당장에 300부를 인쇄하여 전당강(錢塘江) 남북지역과 안중(安衆)지역[9]의 여러 명산(名山)의 방장(方丈)[10]과 몽당(蒙堂)[11]과 여러 요사(寮舍)[12]에 한 부씩을 비치케 하여 온 세상의 도를 분변(分辨)하는 참선납자(參禪衲子)들이 참구하기에 편하도록 하였다. 이를 잘 이용하여 사은(四恩)[13]을 갚고 아울러 삼유(三有)의 중생[14]에게도 도움이 되기 바란다.

대원(大元) 연우(延祐) 3년[15] 음력 12월 1일
늙은 중 희위(希渭)가 삼가 쓰고
젊은 비구 문아(文雅)가 간행을 감독하고
주지 비구 사순(士洵)이 간행하다.

---

9) 두 지역은 희위 스님의 고향인 호주(湖州)와 비교적 인접한 지역들이다.

10) 방장(方丈) : 절의 주지가 거처하는 방. 지금은 견성한 이가 아니더라도 주지를 맡고 있으나 그 당시에는 견성한 도인이라야 그 절의 주지를 맡았다. 따라서 방장에는 대체로 법이 높은 스님이 기거하는 경우가 대부분이었다.

11) 몽당(蒙堂) : 승사(僧寺)의 일에서 물러난 사람이 거처하는 방.

12) 요사(寮舍) : 절에서 대중이 숙식하는 방.

13) 사은(四恩) : 보시(布施), 자애(慈愛), 화도(化導), 공환(共歡)의 네가지 시은(施恩), 또는 부모(父母), 중생(衆生), 국왕(國王), 삼보(三寶)의 네가지 지은(知恩).

14) 삼유(三有)의 중생 : 욕계(慾界), 색계(色界), 무색계(無色界)의 삼계(三界)를 유전하는 미혹한 중생.

15) 서기 1316년.

차 례

일러두기

1. 대만에서 펴낸 『경덕전등록(景德傳燈錄)』(宋釋道原 編, 新文豐出版公司, 民國 75년, 1986년)에 의거해서 번역했으며 누락된 부분 없이 완역하였다.
2. 농선 대원 선사가 각 선사장마다 선리의 토끼뿔을 더하여 닦아 증득하는 데 도움이 되도록 하였다.
3. 뜻이 통하지 않는데도 오자가 아닐 때는 옛 한문 사전에서 그 조사 당시에 그 글자가 어떻게 쓰였는가를 찾아 번역하였다. 예를 들어 '還'자가 돌아올 '환'으로가 아니라 영위할 '영'으로 쓰여 뜻이 통한 경우에는 '영위하다' '누리다'로 의역하였다.
4. 선사들의 생몰연대는 여러 기록된 내용이 일치하지 않거나 미상으로 되어 있는 바가 많아, 각 선사 당시의 나라와 왕의 연대, 불교의 상황 등을 역사학자들이 전문적으로 연구하여 밝혀야 할 부분이 있기에, 이 책에서는 여러 자료와 연구 결과가 일치된 내용만을 주에서 표기하였다.
5. 첨가한 주의 내용은 불교에 대한 지식이 없는 이들도 선문답을 참구해 가는데 도움이 되도록 간략하게 달았으며, 주의 내용에 따라서는 사전적인 뜻보다는 선리(禪理)로서 그 뜻을 밝혀 마음에 비추어 참구할 수 있도록 하였다.

2권 법계보

인도(印度) 제15조(祖) - 제27조(祖)와 곁가지로 나온 법손 (35인)

- **제15조 가나제바(迦那提婆) 존자**
- **제16조 라후라다(羅睺羅多) 존자**
- **제17조 승가난제(僧伽難提) 존자**
- **제18조 가야사다(伽耶舍多) 존자**
- **제19조 구마라다(鳩摩羅多) 존자**
- **제20조 사야다(闍夜多) 존자**
- **제21조 바수반두(婆修盤頭) 존자**
- **제22조 마노라(摩拏羅) 존자**
- **제23조 학륵나(鶴勒那) 존자**
- **제24조 사자(師子) 존자**

  사자 존자에게서 곁가지로 나온 1인

  - 달마달(達磨達)

  앞의 달마달에게서 곁가지로 나온 2인

  - 인다라(因陀羅)
  - 구라기리바(瞿羅忌利婆)

  앞의 인다라에게서 곁가지로 나온 4인

  - 달마시리제(達磨尸利帝)
  - 나가난제(那伽難提)

2권 법계보

- 파루구다라(破樓求多羅)
- 파라바제(波羅婆提)

앞의 구라기리바에게서 곁가지로 나온 2인

- 파라발마(波羅跋摩)
- 승가라차(僧伽羅叉)

앞의 달마시리제에게서 곁가지로 나온 2인

- 마제예피라(摩帝隸披羅)
- 가리발무(訶利跋茂)

앞의 파루구다라에게서 곁가지로 나온 3인

- 화수반두(和修盤頭)
- 달마가제(達摩訶帝)
- 전다라다(旃陀羅多)

앞의 파라발마에게서 곁가지로 나온 3인

- 늑나다라(勒那多羅)
- 반두다라(盤頭多羅)
- 바라바다(婆羅婆多)

앞의 승가라차에게서 곁가지로 나온 5인

- 비사야다라(毘舍也多羅)
- 비루라다마(毘樓羅多摩)
- 비율추다라(毘栗蒭多羅)

2권 법계보

- 우파전타(優波羶馱)
- 바난제다(婆難提多)

(이상 22인은 본문에 기록되어 있지 않다. 원주)

- **제25조 바사사다(婆舍斯多) 존자**
- **제26조 불여밀다(不如密多) 존자**
- **제27조 반야다라(般若多羅) 존자**

제15조(祖) - 제27조(祖)
인도(印度)

제15조 가나제바(迦那提婆) 존자

가나제바 존자[1]는 남천축국 사람으로 성은 비사라이다. 처음에는 복업을 구하고 변론을 즐기다가 나중에 용수(龍樹) 대사를 뵈러 갔는데, 문에 들어가려 할 때에 용수 대사는 그가 지혜로운 사람임을 알고 먼저 시자를 시켜 발우에 가득히 물을 떠다 법좌 앞에 놓게 하였다. 가나제바 존자가 이를 보고 곧 바늘 하나를 던지고 나아가니, 흔연히 뜻이 맞았다.

용수 대사가 곧 설법을 하다가 자리에서 일어나지 않고 둥근 달 모양을 나타내니, 그의 소리만 들리고 그의 형체는 볼 수 없었다.

가나제바 존자가 대중에게 말하였다.

第十五祖迦那提婆者。南天竺國人也。姓毘舍羅。初求福業兼樂辯論。後謁龍樹大士將及門。龍樹知是智人。先遣侍者。以滿鉢水置於座前。尊者覩之即以一針投而進之[2]欣然契會。龍樹即為說法。不起於座見月輪相。唯聞其聲不見其形。尊者語衆曰。

---

1) 가나제바 존자(? - 기원전 161).

2) 投而進之가 송, 원나라본에는 投之而進로 되어 있다.

“지금의 이 상서는 대사께서 소리나 색이 아닌 설법으로 밝혀 불성을 드러냄이다.”

가나제바 존자가 용수 대사의 법을 받은 후 비라국에 이르니, 그곳에 범마정덕(梵摩淨德)이라는 장자가 있었다.

어느 날 정원의 나무에 큰 버섯이 돋았는데 맛이 매우 좋았으나 장자와 둘째 아들인 라후라다만이 따서 먹을 수 있었다. 따서 먹는 대로 자라고 없어지면 다시 나고 하였으나 다른 친속은 아무도 보지 못하였다.

이때에 가나제바 존자가 그 전생 인연을 알고 그 집으로 가니 장자가 그 까닭을 묻기에 존자가 말하였다.

“그대의 가족은 전생에 어떤 비구를 공양하였는데, 그 비구는 도의 눈이 열리지도 않았으면서 헛되이 남의 시주를 받았다. 그 까닭으로 버섯이 되어서 갚는 것이다.

今此瑞者。師現佛性表說法非聲色也。尊者既得法。後至毘羅國。彼有長者曰梵摩淨德。一日園樹生大耳如菌。味甚美。唯長者與第二子羅睺羅多取而食之。取已隨長盡而復生。自餘親屬皆不能見。時尊者知其宿因遂至其家。長者問其故。尊者曰。汝家昔曾供養一比丘。然此比丘道眼未明。以虛霑信施故報為木菌。

그런데 오직 그대와 그대의 아들만이[3] 정성껏 공양하였으므로 마땅히 받을 수 있으나 다른 이들은 받지 못한다."

그리고는 다시 장자의 나이를 물어보니 79세라고 하였다.

가나제바 존자가 게송을 말하였다.

출가는 했으나 이치를 통달하지 못했으므로
다시 몸을 바꿔 신도의 보시를 갚는 것이니
그대의 나이 여든한 살이 되면
이 나무에서는 버섯이 나지 않으리

장자가 게송을 다 듣고 더욱 탄복하며 말하였다.

惟汝與子(正宗云與次子)精誠供養。得以享之。餘即否矣。又問。長者年多少。答曰。七十有九。尊者乃說偈曰。

入道不通理
復身還信施
汝年八十一
此樹不生耳

長者聞偈彌加歎伏。且曰。

3) 『정종기』에는 '둘째 아들'이라고 되어 있다. (원주)

“제자는 나이가 많아 스승을 섬기지 못하겠으니, 둘째 아들을 존자님을 따라 출가하게 하고자 합니다.”

가나제바 존자가 말하였다.

“옛날에 여래께서 이 아들에 대하여 ‘둘째 500년[4]에 대교주가 되리라.’라고 예언하셨는데, 지금 만나게 되니 옛 인연과 부합된다.”

그리고는 곧 머리를 깎아주고 시중을 들게 하였다.

가나제바 존자가 파연불성(巴連弗城)에 이르렀을 때에 여러 외도들이 불법을 방해하려는 계획을 세운 지 오래라는 말을 들었다. 가나제바 존자가 긴 번을 들고 그 무리로 들어가니, 외도가 존자에게 물었다.

“그대는 왜 앞서지 않는가?”

가나제바 존자가 말하였다.

“그대는 왜 뒤서지 않는가?”

“그대는 천한 사람 같다.”

弟子衰老不能事師。願捨次子隨師出家。尊者曰。昔如來記此子。當第二五百年為大教主。今之相遇蓋符宿因。即與剃髮執侍。至巴連弗城。聞諸外道欲障佛法計之既久。尊者乃執長旛入彼衆中。彼問尊者曰。汝何不前。尊者曰。汝何不後。又曰。汝似賤人。

---

4) 둘째 500년 : 부처님께서 멸도하신 뒤 첫 오백 년이 지나고 그 다음 오백 년 뒤인 1천 년 후까지를 상법(像法)시대라 한다.

가나제바 존자가 말하였다.

"그대는 양반 같다."

다시 외도가 물었다.

"그대는 어떤 법을 아는가?"

가나제바 존자가 말하였다.

"그대는 아무 것도 모른다."

"나는 부처를 깨닫고자 한다."

"나는 분명히 불과를 얻었느니라."

다시 외도가 말하였다.

"그대는 얻지 못했을 것이다."

가나제바 존자가 말하였다.

"원래의 도를 나는 얻었지만 그대는 실로 얻지 못했다."

"그대는 얻지 못했는데 어찌하여 얻었다 하는가?"

"그대는 '나'라는 것이 있기 때문에 얻지 못했지만, 나는 '나'라는 것이 없으므로 내가 스스로 마땅히 얻었느니라."

외도는 끝내 말이 막혀 가나제바 존자에게 물었다.

尊者曰。汝似良人。又曰。汝解何法。尊者曰。汝百不解。又曰。我欲得佛。尊者曰。我酌然得佛。又曰。汝不合得。尊者曰。元道我得汝實不得。又曰。汝既不得云何言得。尊者曰。汝有我故所以不得。我無我故我自當得[5]。彼詞既屈。乃問師曰。

---

5) 我無我故我自當得이 송나라본에는 我無我我故自當得로 되어 있다.

"그대의 이름은 무엇인가요?"

가나제바 존자가 말하였다.

"나의 이름은 가나제바이다."

외도는 가나제바 존자의 명성을 진작부터 들었으므로 허물을 뉘우치고 사죄하였다. 이때 대중 가운데에서 번갈아가며 어려운 질문을 많이 했는데, 가나제바 존자가 걸림 없는 변재로써 밝혀 주니 이로 인해 조복하고 귀의하였다.

이어 상수제자인 라후라다에게 정법안장을 부촉하고 게송을 말하였다.

본래에 법을 전할 사람 대하여
해탈의 진리를 설하나
법에는 실로 증득한 바 없어서
마침도 비롯함도 없느니라

汝名何等。尊者曰。我名迦那提婆。彼既夙聞師名。乃悔過致謝。時眾中猶互興問難。尊者析以無礙之辯。由是歸伏。乃告上足羅睺羅多而付法眼。偈曰。

本對傳法人
為說解脫理
於法實無證
無終亦無始

가나제바 존자가 게송을 말한 뒤에 분신삼매〔奮迅定〕에 들어 몸으로 여덟 가지 광명을 놓아 열반에 드니, 배우던 무리들이 탑을 세워 공양하였다. 이는 곧 전한(前漢)의 문제(文帝) 19년 경진년이었다.

尊者說偈已。入奮迅定身放八光而歸寂滅。學衆興塔而供養之。即前漢文帝十九年庚辰歲也。

토끼뿔

가나제바 존자의 전법게를 읽어 마치고 이르노라.

만부득이한 일이라 하겠지만 이 큰 허물을 어쩌랴.

한낮의 해바라기 방향이 같고
바다의 물결들은 뒤를 따라 번지누나

충장로의 인파는 방향이 가지각색
저리도 다양하고 미묘한 활동이구나

나무처녀 멋스러운 한춤의 율동들에
돌사내 벙그러진 해바라기 얼굴일세

제16조 라후라다(羅睺羅多) 존자

라후라다 존자[6]는 가비라국(迦毘羅國) 사람이었다. 교화를 하면서 실라벌성(室羅筏城)에 이르렀을 때에 금수(金水)라는 강이 있었는데, 그 맛이 몹시 달고 강 가운데에는 다섯 부처님의 그림자가 있었다.

라후라다 존자가 대중에게 말하였다.

"이 강의 원류 쪽으로 5백 리쯤 가면 승가난제라는 성자가 그곳에 살고 있다. 부처님께서 예언하시기를 1천 년 후에 그가 거룩한 지위를 계승하리라 하셨다."

말을 마치고는 곧 배우는 무리들을 거느리고 물을 거슬러 올라가서 그곳에 이르니, 승가난제가 단정히 앉아 선정에 들어 있었다.

라후라다 존자가 대중과 함께 기다리고 있으니, 3·7일을 지나서야 바야흐로 선정에서 일어났다.

第十六祖羅睺羅多者。迦毘羅國人也。行化至室羅筏城。有河名曰金水。其味殊美。中流復現五佛影。尊者告衆曰。此河之源凡五百里。有聖者僧伽難提居於彼處。佛誌一千年後當紹聖位。語已領諸學衆泝流而上。至彼見僧伽難提安坐入定。尊者與衆伺之。經三七日方從定起。

---

6) 라후라다 존자(? - 기원전 113).

라후라다 존자가 물었다.

"그대는 몸이 정(定)[7]에 드느냐, 마음이 정에 드느냐?"

승가난제가 대답하였다.

"몸과 마음이 모두 정에 듭니다."

"몸과 마음이 모두 정에 든다면 어찌 들고 남이 있겠는가?"

"비록 들고 남이 있다지만 선정의 모습을 잃은 것은 아닙니다. 마치 금이 우물 안에 있어서 금의 본체가 항상 고요한 것과 같습니다."

라후라다 존자가 물었다.

"금이 우물에 있거나 금이 우물에서 나오거나 금에는 움직임도 고요함도 없는데 어떤 물건이 들고 난다 하는가?"

승가난제가 대답하였다.

"금에는 움직임도 고요함도 없다고 했거니 무슨 물건이 들고 나겠습니까? 금이 들고 난다 하지만 금에는 움직임과 고요함이 없습니다."

尊者問曰。汝身定耶。心定耶。曰身心俱定。尊者曰。身心俱定何有出入。曰雖有出入不失定相。如金在井金體常寂。尊者曰。若金在井若金出井金無動靜何物出入。曰言金動靜何物出入。許金出入金非動靜。

---

7) 정(定) : 마음 이외에 다른 물건이 없는 이러-한 경지.

라후라다 존자가 물었다.

"만약 금이 우물에 있다면 나온 것이 어찌 금이랴. 만약 금이 우물에서 나온다면 있는 것은 무슨 물건이냐?"

승가난제가 대답하였다.

"만약 금이 우물에서 나오면 안에 있는 것은 금이 아니요, 만약 금이 우물에 있다면 나와도 물건이 아닙니다."

"그 뜻이 옳지 않다."

"당신의 이치가 분명치 않습니다."

라후라다 존자가 말하였다.

"그 뜻은 당연히 무너진다."

승가난제가 말하였다.

"당신의 뜻은 이루어지지 못합니다."

"그대의 뜻이 이루어지지 않을지언정 나의 뜻은 이루어졌다."

"나의 뜻이 이루어졌다고 말하는데, 법에는 나라는 것이 없습니다."

라후라다 존자가 말하였다.

尊者曰。若金在井出者何金。若金出井在者何物。曰金若出井在者非金。金若在井出者非物。尊者曰。此義不然。曰彼理非著。尊者曰。此義當墮。曰彼義不成。尊者曰。彼義不成我義成矣。曰我義雖成法非我故。尊者曰。

"나의 뜻이 이미 이루어졌다고 한 것은 나에는 나라는 것마저 없기 때문이다."

승가난제가 물었다.

"나에 나라는 것마저 없다면 다시 어떤 이치가 이루어집니까?"

라후라다 존자가 말하였다.

"나에 나라는 것마저 없어야 진실로 그대의 이치를 이룰 것이다."

"인자시여, 존자께서는 어떤 성인으로부터 이 '나 없음'을 얻었습니까?"

"나는 스승인 가나제바 존자로부터 이 '나 없음'을 증득했다."

승가난제가 말하였다.

"인자를 배출하신 가나제바 존자께 머리를 숙입니다. 인자께서 '나 없음'이라 하신 고로 저는 인자를 스승으로 모시고자 합니다."

라후라다 존자가 말하였다.

"나는 이미 '나 없음'이니 그대는 반드시 나라고 한 나를 보아야 한다. 그대가 만일 나를 스승으로 섬긴다면 '나라 함이 없는 나라고하는 나'를 알게 될 것이다."

我義已成我無我故。日我無我故復成何義。尊者日。我無我故故成汝義。日仁者。師於何聖得是無我。尊者日。我師迦那提婆證是無我。日稽首提婆師。而出於仁者。仁者無我故。我欲師仁者。尊者日。我已無我故。汝須見我我。汝若師我故。知我非我我。

승가난제가 마음과 뜻이 활짝 열려 그 자리에서 출가하기를 원하니, 라후라다 존자가 말하였다.

"그대의 마음은 자재(自在)하니 나에게 매인 것이 아니다."

말을 마치고 곧 오른손에 금발우를 받쳐 들고 범궁(梵宮)[8]에 가서 그곳의 향기로운 음식을 가지고 와서 대중에게 공양하려 하였다.

그러나 대중이 문득 싫어하는 생각을 내니, 라후라다 존자가 말하였다.

"나의 허물이 아니다. 그대들 스스로의 업이다."

그리고는 승가난제를 불러 자리를 같이 하고 함께 먹으니 대중이 또 의아해 하였다. 라후라다 존자가 말하였다.

"너희들이 먹지 못하는 것은 모두 이 때문이니 응당 알아야 한다. 나와 자리를 같이 한 이는 과거의 사라수왕 여래인데 중생들을 가엾이 여기어 강림하셨다.

難提心意豁然。即求度脫。尊者曰。汝心自在非我所繫。語已即以右手擎金鉢舉至梵宮。取彼香飯將齋大眾。而大眾忽生厭惡之心。尊者曰。非我之咎汝等自業。即命僧伽難提分座同食。眾復訝之。尊者曰。汝不得食。皆由此故。當知與吾分座者。即過去娑羅樹王如來也。愍物降迹。

8) 범궁(梵宮) : 색계 초선천(初禪天) 왕인 범천(梵天)이 사는 궁전.

너희들도 또한 장엄겁(莊嚴劫)[9]에 이미 셋째 과위에까지 이르렀으나 무루를 증득하지는 못했었다."

대중이 말하였다.

"우리는 스승의 신통은 믿을 수 있으나 승가난제가 과거의 부처라는 말은 의심이 됩니다."

승가난제는 대중이 교만한 생각을 냈음을 알고 그들에게 말하였다.

"세존께서 계실 때에는 세계가 평평하고 반듯해서 언덕이 없고, 강과 도랑에 있는 물이 모두 단맛이며, 초목이 무성하고 온 나라가 풍요로웠으며, 여덟 가지 괴로움이 없고 열 가지 착한 일이 행해졌다. 그러나 세존께서 사라쌍수 아래에서 열반에 드신 지 800년이 지난 오늘날에는 세계에 언덕이 생기고 수목은 마르며, 사람들은 지극한 믿음이 없어지고, 바른 생각은 가볍고 미약해지며, 진여는 믿지 않고 오직 신통력만을 좋아하게 되었다."

汝輩亦莊嚴劫中已至三果而未證無漏者也。衆曰。我師神力斯可信矣。彼云過去佛者即竊疑焉。僧伽難提知衆生慢。乃曰。世尊在日世界平正。無有丘陵江河溝洫。水悉甘美草木滋茂。國土豐盈無八苦行十善。自雙樹示滅八百餘年。世界丘墟樹木枯悴。人無至信正念輕微。不信真如唯愛神力。

---

9) 장엄겁(莊嚴劫) : 삼겁(三劫)의 하나. 과거의 대겁(大劫)을 말한다.

말을 마치고 오른손을 차츰차츰 늘려 땅 속에 넣어서 금강륜(金剛輪)[10]까지 이르러 유리그릇으로 감로수를 떠다가 모여 있는 장소에 가져왔다. 대중이 이를 보고 바로 흠모하는 마음을 내어 뉘우치고 예배하였다.

이때에 라후라다 존자는 승가난제를 불러서 정법안장을 부촉하고 게송을 말하였다.

법에는 진실로 증득한 바 없어서
취한 것도 없으며 여윈 것도 없느니라
법에는 있다거나 없다는 상도 없거늘
안이니 밖이니 어떻게 일으키리

言訖。以右手漸展入地。至金剛輪際取甘露水。以瑠璃器持至會所。大衆見之即時欽慕悔過作禮。於是尊者命僧伽難提而付法眼。偈曰。

於法實無證
不取亦不離
法非有無相
內外云何起

10) 금강륜(金剛輪) : 세계의 대지를 받들고 있는 사륜의 하나.

라후라다 존자가 법을 전한 뒤에 단정히 앉아 열반에 드니, 사부대중이 탑을 세웠다. 이는 곧 전한의 무제(武帝) 28년 무진년이었다.

尊者付法已。安坐歸寂。四衆建塔。此當前漢武帝二十八年戊辰歲也。

 토끼뿔

라후라다 존자의 전법게를 모두 읽고 이르노라.

어허.

메뚜기는 뛰어가고
다람쥐는 기어간다
험.

제17조 승가난제(僧伽難提) 존자

승가난제 존자[11]는 실라벌성의 보장엄왕(寶莊嚴王)의 아들로, 태어나자마자 말을 할 수 있었다. 항상 불사를 찬탄하였고 일곱 살에는 세속의 낙을 싫어하여 게송으로써 그의 부모에게 청하였다.

크게 자비로우신 아버님께 머리 숙이며
뼈와 피를 주신 어머니께 머리 숙입니다
저는 이제 출가하고자 하오니
원하건대 불쌍히 여기어 허락해 주소서

第十七祖僧伽難提者。室羅閥城寶莊嚴王之子也。生而能言。常讚佛事。七歲即厭世樂。以偈告其父母曰。

稽首大慈父
和南骨血母
我今欲出家
幸願哀愍故

11) 승가난제 존자(? ~ 기원전 74).

부모가 간곡히 말렸으나 종일 먹지 않으므로 급기야는 궁성 안에서의 출가를 허락하였고, 출가한 뒤에는 승가난제라 불렀다.

또 선리다라는 사문을 스승으로 삼았는데 19년 동안 잠시도 게을리하지 않았다. 존자는 늘 스스로 생각하기를 '몸이 왕궁에 있으니 어찌 출가라 할 수 있겠는가?'라고 하였다.

어느 날 저녁에 하늘 광채가 내리비추어 한 줄기 평탄하게 뻗은 길이 보였다. 자기도 모르는 사이에 약 10리쯤을 걸어서 큰 바위 앞에 이르렀는데, 석굴이 있기에 그 안에서 적멸〔燕寂〕[12]에 들었다.

부왕은 아들을 잃었으므로 선리다를 나라 밖으로 쫓아내어 아들을 찾게 하였으나 있는 곳을 알지 못하였다.

10년이 지나 존자가 법을 깨달아 수기를 받은 뒤에 교화에 나서서 마제국(摩提國)에 이르렀다.

父母固止之。遂終日不食。乃許其在家出家。號僧伽難提。復命沙門禪利多為之師。積十九載未曾退倦。尊者每自念言。身居王宮胡為出家。一夕天光下屬。見一路坦平不覺徐行。約十里許至大巖前。有石窟焉。乃燕寂于中。父既失子。即擯禪利多出國。訪尋其子不知所在。經十年。尊者得法受記已。行化至摩提國。

12) 연적(燕寂) : 원문의 연적(燕寂)은 평안히 입적(入寂)하다라는 뜻이다.

그때 홀연히 서늘한 바람이 불어와 대중의 몸과 마음을 매우 상쾌하게 하였으나 그 까닭을 아는 이가 없었다.

승가난제 존자가 말하였다.

"이는 도덕의 바람이다. 거룩한 이가 세상에 나타나서 조사의 등불을 잇게 될 것이다."

말을 마친 후 곧 신통을 부려 여러 대중들을 거느리고 잠깐 사이에 산과 골을 지나 한 봉우리 밑에 이르러 대중에게 말하였다.

"이 봉우리 위에 자줏빛 구름이 일산(日傘)[13]같이 서렸으니 성인이 여기에 살 것이다."

그리하여 대중과 함께 오래 배회하고 있었는데, 한 초막에서 어떤 동자가 둥근 거울을 가지고 곧바로 존자의 앞으로 왔다.

승가난제 존자가 물었다.

"너는 몇 살이냐?"

忽有涼風襲衆身心悅適非常。而不知其然。尊者曰。此道德之風也。當有聖者出世嗣續祖燈乎。言訖。以神力攝諸大衆遊歷山谷。食頃至一峰下謂衆曰。此峰頂有紫雲如蓋。聖人居此矣。即與大衆徘徊久之。見山舍一童子持圓鑑直造尊者前。尊者問。汝幾歲耶。

13) 일산(日傘) : 높은 이의 행렬 앞에 해를 가릴 목적으로 세운 화려한 해가리개.

동자가 대답하였다.

"백 살입니다."

승가난제 존자가 물었다.

"네 나이가 아직 어린데 어찌 백 살이라 하느냐?"

동자가 말하였다.

"저는 정말로 백 살의 이치를 모르겠습니다."

"네가 좋은 근기(根機)이냐?"

"부처님께서는 만약 사람이 백 살을 살아도 모든 부처님들의 기틀을 알지 못하면, 하루를 살더라도 분명히 아는 것만 못하다고 말씀하셨습니다."

승가난제 존자가 물었다.

"네 손에 가진 것은 무엇을 표시하느냐?"

동자가 대답하였다.

"모든 부처님들의 크고 둥근 거울은 안팎으로 티끌만한 것도 가린 것이 없습니다."

曰百歲。尊者曰。汝年尚幼何言百歲。曰我不會理正百歲耳。尊者曰。汝善機耶。曰佛言若人生百歲。不會諸佛機。未若生一日。而得決了之。師[14]曰。汝手中者當何所表。童曰。諸佛大圓鑑內外無瑕翳。

---

14) 여기서 師는 승가난제이다.

두 사람은 마음의 눈으로 보는 바가 모두 서로 같았는데, 그의 부모가 아들의 말을 듣고 곧 놓아주어 출가하게 하였다.

승가난제 존자는 그를 데리고 본래 있던 곳으로 가서 구족계를 주고 가야사다라 이름하였다.

어느 날, 바람이 불어 절에서 풍경 소리가 들리니 승가난제 존자가 물었다.

"풍경이 우는가, 바람이 우는가?"

가야사다가 대답하였다.

"바람도 아니요 풍경도 아닙니다. 제 마음이 울 뿐입니다."

승가난제 존자가 말하였다.

"마음이란 또 무엇이냐?"

가야사다가 대답하였다.

"모두가 고요하고 고요할 뿐입니다."

"훌륭하고 훌륭하다. 나의 법을 이을 이가 그대가 아니면 누구이겠는가?"

兩人同得見心眼皆相似。彼父母聞子語。即捨令出家。尊者携至本處。受具戒訖。名伽耶舍多。他時聞風吹殿銅鈴聲。尊者問。鈴鳴耶風鳴耶。師[15]曰。非風非鈴我心鳴耳。尊者曰。心復誰乎。師[16]曰。俱寂靜故。尊者曰。善哉善哉。繼吾道者非子而誰。

15) 여기서 師는 가야사다이다.
16) 여기서 師는 가야사다이다.

곧 법을 전하고 게송을 말하였다.

맘 바탕엔 본래에 남 없거늘
바탕의 인, 연을 좇아 일으키나
연과 종자 서로가 방해 없어
꽃과 열매 그 또한 그러하네

승가난제 존자가 법을 전한 뒤에 오른손으로 나뭇가지를 휘어잡고 열반에 들자, 대중이 '존자께서 나무 밑에서 열반에 드셨으니 그 그늘이 후손들에게 드리워질 것이다.'라고 하였다.

即付法偈曰。
心地本無生
因地從緣起
緣種不相妨
華果亦復爾
尊者付法已。右手攀樹而化。大眾議曰。尊者樹下歸寂。其垂蔭後裔乎。

시신을 고원(高原)으로 옮겨 모셔 탑을 세우려고 했는데 대중의 힘으로는 움직일 수 없어서 나무 밑에다 탑을 세웠다. 이는 곧 전한의 소제(昭帝) 13년 정미년이었다.

將奉全身於高原建塔。衆力不能擧。即就樹下起塔。當前漢昭帝十三年丁未歲也。

토끼뿔

승가난제 존자의 전법게를 모두 읽고 이르노라.

옳기는 심히 옳으나
아이고 아이고.
(주먹을 불끈 쥔 팔을 들어 보이다.)

제18조 가야사다(伽耶舍多) 존자

가야사다 존자[17]는 마제국(摩提國) 사람으로 성은 울두람이며, 아버지는 천개이고 어머니는 방성이었다.

일찍이 꿈에 큰 신장이 거울을 들고 있는 것을 보고 태기가 있은 후 7일 만에 낳았다. 살과 몸이 유리같이 비치어 씻지 않아도 자연히 향기롭고 깨끗하였다.

어릴 때에 조용한 곳을 좋아하고 말하는 것이 예사 아이와 다르더니, 거울을 가지고 놀러 나갔다가 승가난제 존자를 만나 출가하게 되었다.

무리를 거느리고 대월씨국(大月氏國)에 갔는데 한 바라문의 집에서 기이한 기운이 있는 것을 보았다. 가야사다 존자가 그 집에 들어가려 하니 집주인인 구마라다(鳩摩羅多)가 물었다.

第十八祖伽耶舍多者。摩提國人也。姓欝頭藍。父天蓋。母方聖。嘗夢大神持鑑因而有娠。凡七日而誕。肌體瑩如瑠璃未嘗洗沐自然香潔。幼好閑靜語非常童。持鑑出遊遇難提尊者得度。領徒至大月氏國。見一婆羅門舍有異氣。尊者將入彼舍。舍主鳩摩羅多問曰。

---

17) 가야사다 존자(? ~ 기원전 13).

"웬 무리요?"

가야사다 존자가 말하였다.

"부처님의 제자들이오."

그는 부처님이란 명호를 듣고 정신이 아찔하여 이내 문을 닫고 들어갔다.

가야사다 존자가 조금 있다가 친히 그 문을 두드리니, 구마라다가 응답하였다.

"이 집에는 아무도 없소."

가야사다 존자가 물었다.

"아무도 없다고 대답하는 이는 누구인가?"

구마라다가 이 말을 듣자 뛰어난 사람임을 알고 곧 문을 열어 맞이하였다.

가야사다 존자가 말하였다.

是何徒眾。曰是佛弟子。彼聞佛號心神竦然。即時閉戶。尊者良久自扣其門。羅多曰。此舍無人。尊者曰。答無者誰。羅多聞語知是異人。遽開關延接。尊者曰。

"옛날에 세존께서 '내가 열반에 든 지 천 년 뒤에 월씨국에 대사가 나타나서 나의 법을 계승하여 드날리고 교화하리라'라고 예언하셨는데, 이제 그대가 나를 만난 것은 이런 좋은 운을 만난 것이다."

이에 구마라다는 숙명지(宿命智)[18]를 발해서 정성껏 받들어 출가해 구족계를 받았다.

이어 법을 전하고 게송을 말하였다.

마음의 바탕에 지닌 종자 있음에
인과 연이 능히 싹 나게 하지만
저 연에 서로가 걸림이 없어서
마땅히 난다 해도 남이 남 아니로세

昔世尊記曰。吾滅後一千年有大士。出現於月氏國。紹隆玄化。今汝值吾應斯嘉運。於是鳩摩羅多發宿命智。投誠出家受具訖付法。偈曰。

有種有心地
因緣能發萌
於緣不相礙
當生生不生

18) 숙명지(宿命智) : 육신통의 하나. 전생의 일을 잘 아는 신통력.

가야사다 존자가 법을 전한 뒤에 허공으로 몸을 솟구쳐 18가지 신통변화를 나타냈다가 화광삼매(火光三昧)로 변하여 스스로 그 몸을 태우니, 대중이 사리를 모아 탑을 세웠다. 이는 곧 전한의 성제(成帝) 20년 무신년이었다.

尊者付法已。踊身虛空現十八種神變。化火光三昧自焚其身。衆以舍利起塔。當前漢成帝二十年戊申歲也。

토끼뿔

가야사다 존자의 전법게를 모두 읽고 이르노라.

어떤 것이 바른 남〔生〕인고?
버들은 필 때부터 푸르고
꽃단풍은 피면서 붉으니라
험.

제19조 구마라다(鳩摩羅多) 존자

구마라다 존자[19]는 대월씨국(大月氏國)에 사는 바라문의 아들이었다. 전생에 자재천(自在天)[20] 사람이었는데 보살의 영락(瓔珞)을 보고 문득 사랑하는 마음을 낸 까닭에 도리천(忉利天)[21]으로 떨어졌다가, 교시가(憍尸迦)[22]가 반야바라밀다를 강설하는 것을 듣고는 수승한 법의 힘으로 범천(梵天)[23]에 태어났다.

존자는 근기가 뛰어나서 법문을 잘 설하였으므로 하늘 무리들이 존중하여 스승으로 받들었고, 조사의 법을 계승할 때가 되자 대월씨국에 탄생하였다.

뒤에 중천축국으로 가니, 사야다라는 대사가 있었다. 사야다가 물었다.

第十九祖鳩摩羅多者。大月氏國婆羅門之子也。昔為自在天人(欲界第六天)見菩薩瓔珞。忽起愛心墮生忉利(欲界第二天)聞憍尸迦說般若波羅蜜多。以法勝故升于梵天(色界)以根利故善說法要。諸天尊為導師。以繼祖時至遂降月氏。後至中天竺國。有大士名闍夜多。問曰。

---

19) 구마라다 존자(? ~ 22).
20) 자재천(自在天) : 욕계의 여섯째 하늘. (원주)
21) 도리천(忉利天) : 욕계의 둘째 하늘. (원주)
22) 교시가(憍尸迦) : 제석천왕.
23) 범천(梵天) : 색계의 하늘. (원주)

"우리 부모들은 삼보를 믿으나 항상 병을 앓고 하는 일이 모두 뜻대로 되지 않는데, 우리 이웃집은 오랫동안 백정 노릇을 하나 몸은 언제나 건장하고 하는 일은 모두가 화합하니, 그들은 어찌하여 행운이 있으며 우리는 무슨 죄가 있습니까?"

구마라다 존자가 말하였다.

"그것이 어찌 의심할 바이겠는가? 선과 악의 과보는 세 때〔三時〕[24]에 나타나는데, 범부들은 항상 어진 이가 단명하고 포악한 이가 장수하며 거스르는 이가 길하고 의로운 이가 흉한 것만을 보고는 얼른 인과가 없고 죄복도 없다 하나, 그림자가 형상을 따르고 메아리가 소리를 따르듯 털끝만큼도 어김이 없는 것을 전혀 알지 못하는 것이다. 설령 백천만겁을 지나도 없어지지 않는다."

그때 사야다가 이 말을 듣고 단박에 의심이 풀렸다.

구마라다 존자가 말하였다.

我家父母素信三寶而嘗縈疾瘵。凡所營作皆不如意。而我隣家久為旃陀羅行。而身常勇健所作和合。彼何幸而我何辜。尊者曰。何足疑乎。且善惡之報有三時焉。凡人恒見仁夭暴壽逆吉義凶。便謂亡因果虛罪福。殊不知影響相隨毫釐靡忒。縱經百千萬劫亦不磨滅。時闍夜多聞是語已。頓釋所疑。尊者曰。

24) 세 때〔三時〕: 과거, 현재, 미래.

"그대가 비록 삼업(三業)을 믿게 되었으나 아직도 업이 미혹으로부터 비롯된 것을 밝히지 못했다. 미혹은 식(識)으로 인하여 있고, 식은 깨닫지 못한 것에 의한 것이니 깨닫지 못했으면 마음에 의지해야 한다.

마음은 본래 청정하여 생멸과 조작이 없고 보응(報應)[25]과 승부도 없어서 고요하고 신령하다. 네가 만일 이 법의 문에 들어오면 가히 모든 부처님들과 같다 할 것이다. 일체 선악과 유위와 무위가 모두 꿈이나 허깨비 같다."

사야다가 이 말을 듣고 종지를 깨달아 곧 숙세의 지혜를 일으켜 출가하기를 간곡히 바랬다. 구마라다 존자가 구족계를 준 뒤에 말하였다.

"나는 이제 열반에 들 때가 왔다. 그대가 응당 나의 뒤를 이어 교화를 행하여라."

그리고는 법안을 전한 뒤에 게송을 말하였다.

汝雖已信三業。而未明業從惑生。惑因識有。識依不覺。不覺依心。心本清淨無生滅無造作。無報應無勝負。寂寂然靈靈然。汝若入此法門可與諸佛同矣。一切善惡有為無為皆如夢幻。闍夜多承言領旨。即發宿慧懇求出家。既受具。尊者告曰。吾今寂滅時至。汝當紹行化迹。乃付法眼。偈曰。

25) 보응(報應) : 응보. 착한 일은 착한 일대로 악한 일은 악한 일대로 되갚음을 받는 것.

성품에는 본래에 남〔生〕 없건만
구하는 사람 대해 설할 뿐
법에는 얻은 바 없거늘
어찌 깨닫고, 깨닫지 못함을 둘 것인가

구마라다 존자가 말하였다.

"이는 묘음여래(妙音如來)께서 견성하신 청정한 구절이니, 그대는 후학들에게 잘 베풀어 전하라."

말을 마치고는 앉은 자리에서 손톱으로 얼굴을 쓸어내리니 마치 홍련(紅蓮)이 피어나는 것과 같이 큰 광명이 나와 사부대중을 비춘 뒤에 열반에 들었다.

사야다가 탑을 세우니, 이는 곧 신실(新室)의 14년 임오년이었다.

性上本無生
為對求人說
於法既無得
何懷決不決

師曰。此是妙音如來見性清淨之句。汝宜傳布後學。言訖。即於座上以指爪剺面如紅蓮開。出大光明照耀四眾而入寂滅。闍夜多起塔。當新室十四年壬午歲也。

 토끼뿔

구마라다 존자의 전법게를 모두 읽고 이르노라.

어떤 것이 얻은 바 없는 법이라는 법인고?
날파리가 콧등에 앉을 때도 분명했다.

제20조 사야다(闍夜多) 존자

사야다 존자[26]는 북천축국 사람으로 지혜가 깊어서 한량없는 사람들을 교화하였다. 뒤에 나열성(羅閱城)에 이르러 돈교(頓教)[27]를 드날렸는데, 그곳의 수행하는 무리들은 오직 변론만을 숭상하였다.

그 중 우두머리의 이름이 바수반두[28]인데, 항상 한 끼니만을 먹고 눕지 않으며 여섯 차례〔六時〕[29] 예불하고, 청정하여 욕심이 없어서 대중의 추앙을 받고 있었다.

사야다 존자가 그를 제도하고자 하여 우선 그 무리에게 물었다.

"이 변행두타〔바수반두〕가 범행(梵行)[30]을 닦은들 불도를 얻을 수 있겠는가?"

第二十祖闍夜多者。北天竺國人也。智慧淵沖化導無量。後至羅閱城敷揚頓教。彼有學眾唯尚辯論。為之首者名婆修盤頭(此云遍行)常一食不臥六時禮佛。清淨無欲為眾所歸。尊者將欲度之。先問彼眾曰。此遍行頭陀能修梵行可得佛道乎。

---

26) 사야다 존자(? ~ 74).

27) 돈교(頓教) : 일정한 수행단계를 거치지 않고 단박에 깨달음에 이르게 하는 가르침.

28) 바수반두(婆修盤頭) : 여기 말로는 '변행'이라 한다. (원주)

29) 여섯 차례〔六時〕 : 아침, 일중, 일몰 (이상 3시는 낮이다). 초야, 중야, 후야 (이상 3시는 밤이다).

30) 범행(梵行) : 음욕을 끊고 계율을 지키는 청정한 수행.

그 무리가 대답하였다.

"우리 스승의 정진을 어찌 옳지 못하다 하는가?"

사야다 존자가 말하였다.

"그대들의 스승은 도와는 멀다. 설사 티끌 수 같은 겁을 고행하더라도 모두가 허망함의 근본이 될 뿐이다."

"존자께서는 어떤 덕행을 쌓았기에 우리 스승을 비웃으십니까?"

"나는 도를 구하지는 않으나 전도되지 않고, 부처님께 절을 하지는 않으나 교만하지 않으며, 오래 앉아 있지는 않으나 게으르지 않고, 한 끼니만 먹지는 않으나 잡되게 먹지 않으며, 만족함을 알지는 못하나 탐하지 않으니, 마음에 바라는 바가 없는 것을 이름하여 도라 한다."

이때에 변행두타가 이 말을 듣고, 무루의 지혜를 일으켜서 환희하며 찬탄하였다.

사야다 존자가 다시 그 무리에게 말하였다.

衆曰。我師精進何故不可。尊者曰。汝師與道遠矣。設苦行歷於塵劫皆虛妄之本也。衆曰。尊者蘊何德行而譏我師。尊者曰。我不求道亦不顚倒。我不禮佛亦不輕慢。我不長坐亦不懈怠。我不一食亦不雜食。我不知足亦不貪欲。心無所希名之曰道。時遍行聞已發無漏智歡喜讚歎。尊者又語彼衆曰。

"나의 말을 알아 듣겠는가? 내가 이렇게 말한 까닭은 그대들의 도를 구하는 마음이 간절하기는 하나, 무릇 줄이 너무 팽팽하면 곧 끊어지기 때문에 내가 찬성하지 않는 것이다. 그대들로 하여금 안락한 곳에 머물러 모든 부처의 지혜에 들게 하리라."

그리고는 다시 변행두타에게 말하였다.

"내가 아까 대중 앞에서 인자를 억누르는 말을 했는데 마음속에 괴로움이 없었는가?"

변행두타가 대답하였다.

"제가 기억하기로는 10겁 전에 상안락국(常安樂國)[31]에 태어났었습니다. 그때 스승은 월정(月淨)이라는 지혜로운 분이셨는데, 저에게 '오래지 않아서 마땅히 사다함과(斯陀含果)[32]를 증득하리라.' 라고 수기하셨습니다.

會吾語否。吾所以然者。為其求道心切。夫弦急即斷故吾不贊。令其住安樂地入諸佛智。復告遍行曰吾適對眾抑挫仁者得無惱於衷乎。曰我憶念十劫前。生常安樂國。師於智者月淨。記我非久當證斯陀含果。

31) 상안락국(常安樂國) : 서방극락세계의 별명.

32) 사다함과(斯陀含果) : 성문사과(聲聞四果)의 두 번째 경지. 번뇌를 완전히 끊지 못하여 인간계와 천상계를 한 번 왕래한 후에 열반을 성취한다고 하여 일래(一來)라고 한다.

그 무렵에 대광명보살(大光明菩薩)이 세상에 나셨는데 제가 늙어서 지팡이를 짚고 가서 예배하고 뵈니, 스승께서 '자식을 소중히 여기고 아비는 가벼이 여기니 어쩌면 그다지 못났는가?'라고 꾸짖으셨습니다.

그때에 저는 허물이 없다고 말하면서 스승께 가르쳐 주시기를 요청했습니다. 스승께서 '네가 대광명보살께 예배할 때에 벽에 그린 부처님의 얼굴에 지팡이를 기대두었다. 이 교만한 실수에 의하여 2과(果)를 잃었다.'라고 말씀해 주셨습니다.

제가 스스로를 경책하고 잘못을 뉘우친 이래로 온갖 나쁜 말을 들어도 바람이나 메아리처럼 여겼습니다. 하물며 이제 위없는 감로수의 법문을 들었거늘 성을 내겠습니까? 오직 바라오니 대자대비를 베푸시어 묘한 도를 보여 주옵소서."

사야다 존자가 말하였다.

時有大光明菩薩出世。我以老故策杖禮謁。師叱我曰。重子輕父一何鄙哉。時我自謂無過請師示之師曰。汝禮大光明菩薩。以杖倚壁畫佛面。以此過慢遂失二果。我責躬悔過以來。聞諸惡言如風如響。況今獲飲無上甘露而反生熱惱耶。惟願大慈以妙道垂誨。尊者曰。

"그대는 오래전부터 온갖 공덕을 심었으니, 응당 나의 종지를 계승하라. 나의 게송을 들어라."

말 떨어지자마자 무생에 계합하면
저 법계와 성품이 함께 하리니
만일 능히 이와 같이 깨친다면
궁극의 이변 사변 통달 하리

사야다 존자가 법을 전한 뒤에 자리에서 일어나지 않고 엄연히 열반에 드니, 화장하고 사리를 거두어 탑을 세웠다. 이는 곧 후한의 명제(明帝) 17년 갑술년이었다.

汝久植眾德當繼吾宗。聽吾偈曰。
言下合無生
同於法界性
若能如是解
通達事理竟
尊者付法已。不起於座奄然歸寂。闍維收舍利建塔。當後漢明帝十七年甲戌歲也。

토끼뿔

사야다 존자의 전법게를 모두 읽고 이르노라.

교화문에서 어쩔 수 없는 일이라 하겠지만 그림자 일일세.
(땅을 치고 우뚝 서 있다)
험.

제21조 바수반두(婆修盤頭) 존자

바수반두 존자는 나열성(羅閱城) 사람으로 성은 비사카이며 아버지는 광개이고 어머니는 엄일이었다.

집은 부유하나 아들이 없었으므로 부모가 불탑에 빌면서 자손을 구했는데, 어느 날 저녁에 그의 어머니가 밝고 어두운 두 구슬을 삼키는 꿈을 꾸었다. 그리고는 꿈을 깬 뒤에 태기가 있었는데, 그 후 7일이 지나서 현중이라는 아라한이 그 집에 왔다.

광개가 예를 드리자 현중이 단정히 앉아서 받았는데, 엄일이 나와서 절을 할 때에는 현중이 절 받기를 피하면서 말하였다.

"도리어 법신 대사께 예배합니다."

광개가 그 까닭을 알 수 없어서 보배구슬 하나를 갖다가 현중에게 꿇어앉아 바치며 그 진위(眞僞)를 시험하였다.

第二十一祖婆修盤頭者。羅閱城人也。姓毘舍佉。父光蓋。母嚴一。家富而無子。父母禱于佛塔而求嗣焉。一夕母夢吞明暗二珠。覺而有孕。經七日有一羅漢。名賢衆。至其家。光蓋設禮。賢衆端坐受之。嚴一出拜。賢衆避席云。迴禮法身大士。光蓋罔測其由。遂取一寶珠跪獻賢衆試其真偽。

그런데 현중이 얼른 받되 사양하는 빛도 없으니 광개가 참을 수 없어 물었다.

"장부인 제가 절을 할 때는 돌아보지도 않더니 나의 아내는 어떤 공덕이 있기에 존자께서 피하십니까?"

현중이 말하였다.

"내가 절을 받고 구슬을 받은 것은 그대를 귀하고 복되게 하기 위함이다. 그대의 아내는 성자를 잉태하고 있는데, 태어나면 마땅히 세상의 등불인 지혜의 태양이 될 것이므로 내가 피한 것이지 여인을 중히 여긴 것이 아니다."

현중이 또 말하였다.

"그대의 아내가 두 아들을 낳을 터인데, 첫째는 이름이 바수반두로 지금 내가 존귀하게 여긴 분이고, 둘째는 이름이 추니(芻尼)[33]이다. 옛날에 여래께서 설산에서 도를 닦으실 때에 까치가 정수리 위에다 둥지를 틀었다.

賢衆即受之殊無遜謝。光蓋不能忍。問曰。我是丈夫致禮不顧。我妻何德尊者避之。賢衆曰。我受禮納珠貴福汝耳。汝婦懷聖子。生當為世燈慧日故吾避之。非重女人也。賢衆又曰汝婦當生二子。一名婆修盤頭。則吾所尊者也。二名芻尼(此云野鵲子)昔如來在雪山修道。芻尼巢於頂上。

33) 추니(芻尼) : 여기 말로는 까치이다. (원주)

부처님께서 도를 이루신 뒤에 그 까치는 과보를 받아서 나제국왕이 되었는데, 부처님께서 그에게 '네가 둘째 500년에 나열성의 비사카 가문에 태어나 성인과 같은 태에 들리라.'라고 수기하셨으니 지금 어김이 없다."

그 뒤 한 달 만에 과연 아들을 낳았다.

바수반두 존자는 나이 열다섯이 되어 광도나한(光度羅漢)에 의하여 출가하고 비바하 보살이 감응하여 계를 주었다.

교화에 나서서 나제국에 이르니, 그 나라 왕의 이름은 상자재로 두 아들이 있었는데, 첫째는 마하라이고 둘째는 마노라라 하였다.

왕이 바수반두 존자에게 물었다.

"나열성의 풍토가 여기와 같소? 다르오?"

바수반두 존자가 대답하였다.

"그 국토에는 일찍이 세 부처님께서 세상에 나셨고, 지금 왕의 국토에는 두 스승이 교화를 하십니다."

佛既成道芻尼受報。為那提國王。佛記云。汝至第二五百年生羅閱城毘舍佉家與聖同胞。今無爽矣。後一月果產子。尊者婆修盤頭年至十五禮光度羅漢出家。感毘婆訶菩薩與之授戒。行化至那提國。彼王名常自在。有二子。一名摩訶羅。次名摩拏羅。王問尊者曰。羅閱城土風與此同異。尊者曰。彼土曾三佛出世。今王國有二師化導。

왕이 물었다

"두 스승이란 누구요?"

바수반두 존자가 대답하였다.

"부처님께서 '둘째 5백 년에 한 명의 신통력 있는 대사가 출가하여 성인의 법을 이으리라.'라고 수기하셨는데 곧 왕의 둘째 아들인 마노라가 그 하나이고, 제가 비록 덕은 없으나 감히 그 다른 하나에 해당합니다."

왕이 말하였다.

"존자의 말씀이 사실이라면 마땅히 이 아들을 놓아서 사문으로 만들겠소."

바수반두 존자가 대답하였다.

"훌륭합니다. 대왕이시여, 능히 부처님의 종지를 따르셨습니다."

그리고는 곧 구족계를 주고, 법을 전하는 게송을 말하였다.

曰二師者誰。尊者曰。佛記第二五百年有一神力大士出家繼聖。即王之次子摩拏羅是其一也。吾雖德薄敢當其一。王曰。誠如尊者所言。當捨此子作沙門。尊者曰。善哉大王。能遵佛旨。即與受具。付法偈曰。

물거품과 환 같아 걸릴 것도 없거늘
어찌하여 깨달아 마치지 못했다 하는가
그 가운데 있는 법을 통달하면
지금도 아니요, 옛 또한 아니니라

바수반두 존자가 법을 전한 뒤에 반 유순(由旬)[34] 높이로 몸을 솟구쳐서 우뚝 머물렀다. 사부대중이 우러러보면서 간곡히 청하니 자리로 다시 돌아와서 가부좌로 앉아 열반에 들었다.

화장을 하고 사리를 거두어 탑을 세우니, 후한의 상제(殤帝) 12년 정사년이었다.

泡幻同無礙
如何不了悟
達法在其中
非今亦非古

尊者付法已。踊身高半由旬屹然而住。四眾仰瞻虔請復坐跏趺而逝。荼毘得舍利建塔。當後漢殤帝十二年丁巳歲也。

34) 유순(由旬) : 고대 인도의 거리 단위. 소달구지가 하루에 갈 수 있는 거리로 대유순은 80리, 중유순은 60리, 소유순은 40리.

토끼뿔

바수반두 존자의 전법게를 모두 읽고 이르노라.

그때의 근기들에 의해서 베풂이었으리라.
허나 나라면 거품이다 허깨비다 않고
신통이요 장엄이라 펴고 거둠 능숙한 능력이라
날이 새면 일어나 일을 하고 해지면 방에 누워 잠잔다.

제22조 마노라(摩拏羅) 존자

마노라 존자[35]는 나제국 상자재왕의 아들이다. 나이 30세가 되었을 때에 바수반두 존자를 만나 출가하여 법을 전해 받고 서인도로 갔다. 그 나라 왕의 이름은 득도인데, 구담 종족이었으며 불법에 귀의하여 부지런히 정진하였다.

어느 날 도로에 조그마한 탑 하나가 나타나서 그 탑을 공양하기 위해 가지고 가려 하였으나, 대중 가운데 아무도 들 수 있는 이가 없었다. 왕은 곧 범행(梵行)하는 이, 선관(禪觀)하는 이, 주술(呪術)하는 이 등의 세 무리를 모아놓고 의심되는 바를 물었다.

그때에 마노라 존자도 이 모임에 갔었는데, 이 세 무리가 아무도 변론하지 못하자 존자가 곧 왕에게 탑의 원인[36]을 자세히 말하고, 지금 나타난 것은 왕의 복력으로 이루어진 것이라고 일러 주었다.

第二十二祖摩拏羅者。那提國常自在王之子也。年三十遇婆修祖師出家傳法。至西印度。彼國王名得度。即瞿曇種族。歸依佛乘勤行精進。一日於行道處現一小塔。欲取供養眾莫能舉。王即大會梵行禪觀呪術等三眾。欲問所疑。時尊者亦赴此會。是三眾皆莫能辯。尊者即為王廣說塔之所因(阿育王造塔此不繁錄)今之出現王福力之所致也。

35) 마노라 존자(? - 163).

36) 아육왕이 탑을 조성했는데, 여기에서는 상세하게 기록하지 않았다. (원주)

왕이 이 말을 듣고 말하였다.

"지극한 성인은 만나기 어렵고 세상의 낙은 오래가지 못한다."

그리고는 태자에게 왕위를 전하고, 마노라 존자에게 귀의하여 출가해서 7일 만에 사과(四果)를 증득하였다. 마노라 존자가 깊이 위로하면서 말하였다.

"그대는 이 나라에 있으면서 사람들을 잘 제도하라. 지금 다른 지역에 큰 법기(法器)[37]가 있으니, 내가 응당 교화하여 제도하리라."

득도가 말하였다.

"스승께서는 마음대로 시방에 자취를 나타내셔서 생각하는 대로 이르시거늘 어찌 수고로이 가시려 합니까?"

"그렇다."

그리고는 향을 피워놓고 멀리 월씨국에 있는 학륵나 비구에게 말하였다.

"그대는 그 나라에서 학의 무리를 교화해 제도하였으므로 도과를 곧 증득하게 될 것임을 마땅히 스스로 알라."

王聞是說乃曰。至聖難逢世樂非久。即傳位太子投祖出家。七日而證四果。尊者深加慰誨曰。汝居此國善自度人。今異域有大法器。吾當化令得度。曰師應迹十方動念當至。寧勞往耶。尊者曰。然。於是焚香遙語月氏國鶴勒那比丘曰。汝在彼國教導鶴衆。道果將證宜自知之。

---

37) 법기(法器) : 부처의 가르침을 받아들여 법을 깨달을 자질이 있는 사람.

그때에 학륵나가 그 나라 국왕인 보인에게 수다라게(修多羅偈)를 설법해 주다가 홀연히 기이한 향이 이삭 모양을 이루는 것을 보았다.

왕이 물었다.

"이게 무슨 상서입니까?"

학륵나가 대답하였다.

"이는 서인도에서 부처님의 심인(心印)[38]을 전해 받은 마노라 존자가 오시려는데 먼저 강림하는 믿음의 향입니다."

"이 스승의 신통력이 어떠합니까?"

"이 스승은 오래전부터 부처님의 수기를 받아 이 땅에서 현묘한 교화를 널리 펴고 계십니다."

이때에 왕과 학륵나가 함께 멀리서 절을 하니, 마노라 존자가 이를 알고 득도 비구의 곁을 떠나 월씨국에 가서 왕과 학륵나의 공양을 받았다.

나중에 학륵나가 마노라 존자에게 물었다.

時鶴勒那為彼國王寶印說修多羅偈。忽覩異香成穗。王曰。是何祥也。曰此是西印度傳佛心印祖師摩拏羅將至。先降信香耳。曰此師神力何如。答曰。此師遠承佛記。當於此土廣宣玄化。時王與鶴勒那俱遙作禮。尊者知已。即辭得度比丘。往月氏國。受王與鶴勒那供養。後鶴勒那問尊者曰。

---

38) 심인(心印) : 깨달음의 경지를 문자나 언어를 세우지 않고 직접 마음에 서 마음으로 인증하는 것.

"제가 숲에 머무른 지 어언 아홉 해〔九白〕[39]가 되었습니다. 용자라는 제자가 있는데 어리지만 총명하고 지혜로워서, 제가 삼세(三世)를 통해 미루어 궁구해 보았으나 그의 근본을 알 수 없었습니다."

마노라 존자가 말하였다.

"이 아이가 다섯째 겁에 묘희국(妙喜國) 바라문의 집에 태어났었는데, 일찍이 전단향나무〔栴檀〕[40]를 절에 보시하여 망치를 만들어 종을 치게 했다. 그 과보로 총명해서 대중의 흠모와 추앙을 받는 것이다."

학륵나가 물었다.

"저는 무슨 인연이 있어서 학의 무리를 감화시켰습니까?"

"그대가 넷째 겁에 비구가 되어서 용궁의 모임에 가는데 그대의 제자들이 모두 따라가고자 하였다.

我止林間已經九白(印度以一年為一白)有弟子龍子者。幼而聰慧。我於三世推窮莫知其本。尊者曰。此子於第五劫中。生妙喜國婆羅門家。曾以栴檀施於佛宇。作槌撞鐘。受報聰敏為衆欽仰。又問。我有何緣而感鶴衆。尊者曰。汝第四劫中嘗為比丘。當赴會龍宮。汝諸弟子咸欲隨從。

39) 인도에서는 1년을 일백(一白)이라 한다. (원주)

40) 전단향나무〔栴檀〕: 인도에서 나는 향나무로 이 나무 하나가 있으면 온 수풀이 향기롭다고 한다.

그러나 그대가 관해 보니 5백 명의 제자 중에는 한 사람도 묘한 공양을 받을 만한 이가 없었다. 그때 그대의 제자들은 '스승님께서 항상 설법하시기를 음식에 동등한 사람은 법에도 또한 동등하다고 하셨는데, 이제 그렇지 않으니 어찌 성인이라 하겠습니까?'라고 말하였다. 그래서 그대는 그들을 참석하게 하였다.

이 까닭에 그대가 죽고 태어나면서 여러 나라로 다니며 교화할 때에 그 5백 제자들은 복이 미약하고 덕이 얇아서 새의 종족으로 태어났지만, 지금도 그대의 은혜에 감동되어 학의 무리가 되어서 따르는 것이다."

학륵나가 이 말을 듣고 말하였다.

"어떤 방편을 써야 저들을 해탈하게 하겠습니까?"

마노라 존자가 말하였다.

"나에게 위없는 법보가 있으니 그대는 잘 들었다가 미래의 중생을 교화하라."

그리고는 게송을 말하였다.

汝觀五百衆中。無有一人堪任妙供。時諸子曰。師常說法。於食等者於法亦等。今既不然何聖之有汝即令赴會。自汝捨生趣生轉化諸國。其五百弟子以福微德薄生於羽族。今感汝之惠故為鶴衆相隨。鶴勒那聞語曰。以何方便令彼解脫。尊者曰。我有無上法寶。汝當聽受化未來際。而說偈曰。

마음이 만 경계를 따라서 구르나
구르는 곳마다 실로 능히 그윽함에
성품을 깨달아서 흐름을 따르면
기쁠 것도 없으며 근심할 것도 없네

그때에 학들이 게송을 듣고 울면서 떠나갔다. 마노라 존자가 가부좌를 맺고 고요히 열반에 드니, 학륵나와 보인왕이 탑을 세웠다. 이는 곧 후한의 환제(桓帝) 19년 을사년이었다.

心隨萬境轉
轉處實能幽
隨流認得性
無喜復無憂

時鶴衆聞偈飛鳴而去。尊者跏趺寂然奄化。鶴勒那與寶印王起塔。當後漢桓帝十九年乙巳歲也。

토끼뿔

마노라 존자의 전법게를 모두 읽고 이르노라.

굴림에 그윽하여 곳과 경계 아닌데 그 어찌 따름과 깨달음이 있으랴.

붉은 것은 붉다 하고
푸른 것은 푸르다 할 뿐일세
혐.

제23조 학륵나(鶴勒那) 존자

학륵나 존자[41][42]는 월씨국(月氏國) 사람으로 성은 바라문이며 아버지는 천승이고 어머니는 금광이었다.

아들이 없었으므로 7불의 금당에 빌었는데, 곧 꿈에 수미산(須彌山)[43] 정수리에서 한 신동이 금고리를 들고 와서 '내가 왔소.'라고 외치는 것을 보고, 깬 후에 태기가 있었다.

나이 일곱 살이 되었을 때 마을로 놀러 갔다가 동네 사람들이 굿을 하는 것을 보고 곧 당집으로 들어가 꾸짖었다.

"너는 허망한 복과 재앙을 일으켜 세상 사람을 환(幻)으로 현혹시키고, 해마다 산 짐승을 바치게 하니 이렇게 심한 살생이 어디 있느냐?"

第二十三祖鶴勒那者(勒那梵語。鶴即華言。以尊者出世常感群鶴戀慕故名)月氏國人也。姓婆羅門。父千勝。母金光。以無子故禱于七佛。金幢即夢須彌山頂一神童持金環云我來也。覺而有孕。年七歲遊行聚落。覩民間淫祀乃入廟叱之曰。汝妄興禍福幻惑於人。歲費牲牢傷害斯甚。

---

41) 학륵나 존자(? ~ 209).

42) 학륵나 존자 : '륵나'는 범어이고, '학'은 중국어이다. 존자가 세상에 나왔을 때 항상 학의 무리가 감응해서 연모했기 때문에 생긴 이름이다. (원주)

43) 수미산(須彌山) : 사대주(四大洲)의 중앙, 금륜(金輪) 위에 우뚝 솟은 산.

말을 마치자 당집이 홀연히 무너지니, 이로부터 마을 사람들이 거룩한 아이라고 불렀다. 나이 22세에 출가하여 30세에 마노라 존자를 만나 정법안장(正法眼藏)을 전해 받았다.

교화를 다니다가 중인도에 이르렀는데, 그 나라 왕의 이름은 무외해(無畏海)였다.

왕이 불도를 숭상하고 믿어 학륵나 존자가 그에게 정법을 설하고 있었는데, 이때 왕이 홀연히 붉은 옷과 흰 옷을 입은 두 사람이 존자에게 절하는 것을 보았다.

왕이 물었다.

"이들은 누구인가요?"

학륵나 존자가 말하였다.

"이들은 일천자와 월천자인데 내가 옛적에 설법을 해 준 까닭으로 사례하러 왔습니다."

잠시 후에 보이지 않더니 기이한 향냄새만이 남았다.

言訖。廟貌忽然而壞。由是鄉黨謂之聖子。年二十二出家。三十遇摩拏羅尊者付法眼藏。行化至中印度。彼國王名無畏海。崇信佛道。尊者為說正法。次王忽見二人緋素服拜尊者。王問曰。此何人也。師曰。此是日月天子。吾昔曾為說法故來禮耳。良久不見唯聞異香。

왕이 물었다.

"일월의 국토는 얼마나 되는가요?"

학륵나 존자가 말하였다.

"천 석가 부처님께서 교화하시는 세계에 제각기 백억의 수미산과 일월이 있으니, 내가 다 말하려 해도 다할 수 없습니다."

왕이 듣고 몹시 기뻐하였다.

이때에 학륵나 존자가 위없는 도를 설해서 인연 있는 무리를 제도하였는데, 맏제자인 용자가 요절(夭折)하였다.

그에게는 사자라는 형이 있었는데 널리 통하고 많이 알았으나 바라문을 섬기었다. 그러던 차에 스승이 죽고 동생마저 죽으니 학륵나 존자에게 귀의하면서 물었다.

"제가 도를 구하고자 하는데 응당 어떻게 마음을 써야 합니까?"

학륵나 존자가 말하였다.

"그대가 도를 구하고자 하나 마음 쓸 바가 없느니라."

王曰。日月國土總有多少。尊者曰。千釋迦佛所化世界。各有百億迷盧日月。我若廣說即不能盡。王聞忻然。時尊者演無上道度有緣眾。以上足龍子早夭。有兄師子。博通强記事婆羅門。厥師既逝。弟復云亡。乃歸依于尊者。而問曰。我欲求道當何用心。尊者曰。汝欲求道無所用心。

사자가 물었다.

“이미 마음 쓸 바가 없다면 누가 불사(佛事)를 합니까?”

학륵나 존자가 말하였다.

“네가 만일 씀이 있다면 공덕이 아니요, 네가 만일 씀이 없다면 그것이 불사이니라. 경에 ‘내가 지은 공덕은 나라 할 바가 없기 때문이다.’라고 말씀하셨느니라.”

사자가 이 말을 듣고 곧 부처 지혜를 깨달았다. 이때에 학륵나 존자가 홀연히 동북쪽을 가리키면서 물었다.

“이 무슨 기상인가?”

사자가 대답하였다.

“제가 보기에는 흰 무지개 같은 기운이 천지를 관통하는 것 같습니다.”

다시 검은 기운이 다섯 갈래로 뻗쳐 그 가운데를 가로지르니 학륵나 존자가 물었다.

曰既無用心誰作佛事。尊者曰。汝若有用即非功德。汝若無作即是佛事。經云。我所作功德而無我所故。師子聞是言已即入佛慧。時尊者忽指東北問云。是何氣象。師子曰。我見氣如白虹貫乎天地。復有黑氣五道橫亘其中。尊者曰。

"저 징조는 무엇이겠는가?"

사자가 대답하였다.

"모르겠습니다."

학륵나 존자가 말하였다.

"내가 입멸하고서 50년 뒤에 북천축국에서 환란이 일어날 것인데, 그대의 몸에도 미칠 것이다. 나는 곧 열반에 들 것이므로 이제 정법안장을 그대에게 전하니, 그대는 스스로 잘 보호하여 지녀라."

그리고는 게송을 말하였다.

마음의 성품을 깨달음에
사의할 수 없다고 말하나니
깨달아 마쳐서는 얻음 없어
깨달아선 깨달았다 할 것 없네

其兆云何。曰莫可知矣。尊者曰。吾滅後五十年。北天竺國當有難起。嬰在汝身。吾將滅矣。今以法眼付囑於汝善自護持。乃說偈曰。

認得心性時
可說不思議
了了無可得
得時不說知

사자 비구가 게송을 듣고 기뻐하였으나 어떤 환란인지는 알지 못하였다. 학륵나 존자가 비밀히 보여주고 말을 마친 후 열여덟 가지 변화를 나타낸 뒤에 열반에 들었다.

화장을 마치고 사리를 나누어서 제각기 탑을 세우려 하니 존자가 다시 공중에 나타나서 게송을 말하였다.

온통인 법이 일체 법이요
일체가 온통인 법에 포섭 되네
내 몸은 있는 것도 없는 것도 아니거늘
어찌 일체의 탑으로 나누려 하느냐

師子比丘聞偈欣愜。然未曉將罹何難。尊者乃密示之。言訖。現十八變而歸寂。闍維畢分舍利各欲興塔。尊者復現空中。而說偈曰。

一法一切法
一切一法攝
吾身非有無
何分一切塔

대중이 게송을 듣고는 사리를 나누지 않고, 화장한 자리에 탑을 세우니, 이는 곧 후한의 헌제(獻帝) 21년 기축년이었다.

大衆聞偈遂不復分。就馱都之場而建塔焉。即後漢獻帝二十一年[44]己丑歲也。

44) 二十一年이 송, 원, 명, 청나라본에는 二十年으로 되어 있다.

토끼뿔

학륵나 존자의 전법게를 모두 읽고 이르노라.

좋은 것도 없음만 못하다
저 폭포가 외치고 외치거늘
소리를 낮추고 낮출지어다

제24조 사자(師子) 존자

사자 존자[45]는 중인도 사람으로 성은 바라문이었다. 법을 전해 받은 뒤 사방으로 다니다가 계빈국에 이르렀다.

그때 파리가라는 이가 있었는데 본래 선관(禪觀)을 익혀서 선정의 무리, 지견의 무리, 상에 집착하는 무리, 상을 버리는 무리, 말을 하지 않는 무리 등 다섯 무리를 두었다.

사자 존자가 그들을 꾸짖어 교화하니 네 무리가 모두 잠자코 마음 깊이 복종하였는데, 오직 선정의 스승인 달마달이라는 사람만이 네 무리가 질책을 받았다는 말을 듣고 분개하며 달려왔다.

사자 존자가 물었다.

"그대는 선정을 익힌다면서 어떻게 여기에 왔는가? 이미 여기까지 왔다면 어찌 선정을 익혔다 하겠는가?"

第二十四祖師子比丘者。中印度人也。姓婆羅門。得法遊方至罽賓國。有波利迦者。本習禪觀。故有禪定知見執相捨相不語之五衆。尊者詰而化之。四衆皆默然心服。唯禪定師達磨達者。聞四衆被責憤悱而來。尊者曰。仁者習定何當來此。既至于此胡云習定。

45) 사자 존자(? ~ 259).

달마달이 대답하였다.

"제가 비록 여기까지 왔으나 마음은 또한 어지럽지 않습니다. 선정은 사람이 익히는 것에 따르는 것이지 어찌 처소가 있겠습니까?"

사자 존자가 물었다.

"그대가 이미 왔다 했으니 그 익히는 것 또한 왔겠구나. 이미 처소가 없다면 어찌 사람이 익히는 것인들 있다 하는가?"

달마달이 대답하였다.

"선정이 사람을 길들이는 것이요, 사람이 선정을 익히는 것이 아닙니다. 제가 비록 여기에 왔으나 선정은 항상 익히고 있습니다."

사자 존자가 물었다.

"사람이 선정을 익히는 것이 아니요, 선정이 사람을 길들이는 것이라 하니 그대가 여기에 왔다면 선정은 누구를 길들이는가?"

달마달이 말하였다.

"마치 맑고 밝은 구슬이 안팎에 티가 없는 것과 같이 선정을 통달하면 반드시 이와 같을 것입니다."

사자 존자가 말하였다.

曰我雖來此心亦不亂。定隨人習豈在處所。尊者曰。仁者既來其習亦至。既無處所豈在人習。曰定習人故非人習定。我雖來此其定常習。尊者曰。人非習定定習人故。當自來時其定誰習。彼曰。如淨明珠內外無翳。定若通達必當如此。師曰。

"선정을 통달하면 마치 밝은 구슬과 같은데 지금 그대를 보니 구슬의 무리는 아니다."

달마달이 말하였다.

"그 구슬에 밝게 사무치면 안팎이 온통 선정이어서 제 마음이 어지럽지 않은 것도 이 맑음과 같습니다."

사자 존자가 말하였다.

"이 구슬은 안팎이 없다면서 그대는 어찌 선정이라고는 하는가? 더러운 물건이 요동한다고도 할 수 없고, 이 선정은 청정하다고도 할 수 없다."

사자 존자가 깨우쳐 주자 달마달의 마음이 환하게 밝아졌다.

사자 존자가 다섯 무리를 포섭한 명성이 가깝고 먼 곳에 퍼졌는데, 법제자를 구하려고 하니 한 장자가 아들을 데리고 와서 물었다.

"이 아이의 이름은 사다인데 날 적부터 왼손을 쥐고 있습니다. 이제 장성했건만 끝내 펴지 못하니 바라건대 존자께서 전생 인연을 보여 주십시오."

定若通達一似明珠。今見仁者非珠之徒。彼曰。其珠明徹內外悉定。我心不亂猶若此淨。師曰。其珠無內外。仁者何能定穢物非動搖。此定不是淨。達磨達蒙尊者開悟心地朗然。尊者既攝五眾名聞遐邇。方求法嗣。遇一長者。引其子問尊者曰。此子名斯多。當生便拳左手。今既長矣。而終未能舒。願尊者。示其宿因。

사자 존자가 그를 보고 곧 손을 내밀며 말하였다.

"내 구슬을 돌려다오."

동자가 갑자기 손을 펴고 구슬을 받들어 올리니, 대중이 모두 깜짝 놀랐다.

사자 존자가 말하였다.

"내가 전생에 승려였을 때 바사라는 동자를 데리고 있었다. 서해의 재에서 보시 받은 구슬을 맡겼었는데, 이제 나의 구슬을 도로 돌려주는 것이 당연하지 않은가?"

장자가 드디어 그 아들을 놓아 주어 출가하게 하니, 사자 존자가 곧 구족계를 주고 전생의 인연에 따라 바사사다라 이름하였다.

사자 존자가 이어서 말하였다.

"나의 스승이 비밀히 예언하신 바가 있으니 오래지 않아서 재난을 겪으리라. 여래의 정법안장을 이제 그대에게 전하니, 그대는 응당 보호하여 미래의 중생들을 두루 구제하라〔潤〕[46]."

尊者覩之。即以手接曰。可還我珠。童子遽開手奉珠。衆皆驚異。尊者曰。吾前報為僧。有童子名婆舍。吾嘗赴西海齋受嚫珠付之。今還吾珠理固然矣。長者遂捨其子出家。尊者即與受具。以前緣故名婆舍斯多。尊者即謂之曰。吾師密有懸記。罹難非久。如來正法眼藏今轉付汝汝應保護普潤來際。

46) 윤(潤) : 원문의 윤(潤)은 불법으로써 중생을 교화하다라는 뜻이다.

게송으로 말하였다.

깨달음의 지혜를 바르게 설할 때에
깨달음의 지혜란 이 마음에 갖춘 바라
지금의 마음이 곧 깨달음의 지혜요
깨달음의 지혜가 곧 지금의 함일세

사자 존자가 게송을 말한 뒤에 승가리(僧伽梨)[47]를 바사사다에게 비밀히 전해 주고, 다른 나라에 가서 인연 따라 교화를 하라고 하였다. 바사사다는 분부를 받고 바로 남천축국으로 갔다.

사자 존자는 환란을 구차하게 면하려는 것은 옳지 못하다 생각하고 홀로 계빈국에 머물렀다.

偈曰。
正說知見時
知見俱是心
當心即知見
知見即于今

尊者說偈已。以僧伽梨衣密付斯多。俾之他國隨機演化。斯多受教直抵南天。尊者以難不可苟免獨留罽賓。

---

47) 승가리(僧伽梨) : 가사(袈裟). 승려가 입는 붉은 빛의 큰 예복.

이때 그 나라에 두 외도가 있었는데, 하나는 마목다이고 또 하나는 도락차로서 온갖 요술을 배워 함께 반란을 일으키려 하였다. 그리하여 거짓으로 승려의 형상을 꾸미고 왕궁으로 숨어들면서 말하였다.

"성공하지 못하면 죄를 승려에게로 돌리자."

그리고는 스스로 요망한 짓을 조작하니 재앙이 잇달아 일어나서 일이 끝내 실패하자, 왕이 과연 분노하며 말하였다.

"내가 본래 삼보를 독실하게 믿었는데 어쩌면 이다지도 야속하게 나를 해치려 하느냐?"

그리고 곧 절을 파괴하고 승려들을 쫓아낸 후 손수 칼을 들고 사자 존자의 처소로 가서 물었다.

"대사는 오온(五蘊)[48]이 모두 비었음을 깨달았소?"

사자 존자가 말하였다.

時本國有外道二人。一名摩目多。二名都落遮。學諸幻法欲共謀亂。乃盜為釋子形像。潛入王宮。且曰。不成即罪歸佛子。妖既自作禍亦旋踵。事既敗。王果怒曰。吾素歸心三寶。何乃搆害一至于斯。即命破毀伽藍祛除釋眾。又自秉劍至尊者所。問曰。師得蘊空否。尊者曰。

48) 오온(五蘊) : 일체 번뇌를 일으키는 색(色), 수(受), 상(想), 행(行), 식(識)의 다섯 가지.

"이미 오온이 공함을 깨달았습니다."

왕이 물었다.

"생사를 여의었소?"

사자 존자가 대답하였다.

"예, 이미 여의었습니다."

"이미 생사를 여의었다면 나에게 머리를 줄 수 있겠군."

"몸도 내 것이 아니거늘 어찌 머리를 아끼겠습니까?"

왕이 곧 칼을 휘둘러 사자 존자의 머리를 치니, 흰 젖이 몇 자나 높이 솟았고 왕의 오른팔도 땅에 떨어져 7일 만에 죽었다.

그러자 태자 광수가 '우리 아버지는 무엇 때문에 스스로 그런 재앙을 부르셨단 말인가?'라고 탄식하였다.

이때 상백산(象白山) 선인이 인과의 법칙을 잘 알고 있었으므로 곧 광수에게 전생 인연을 두루 설명해 주어서 그의 의심을 풀게 하였다.[49)]

已得蘊空。曰離生死否。尊者曰。已離生死。曰既離生死可施我頭。尊者曰。身非我有何悋於頭。王即揮刃斷尊者首。涌白乳高數尺。王之右臂旋亦墮地。七日而終。太子光首歎曰。我父何故自取其禍。時有象白山仙人者。深明因果。即為光首廣宣宿因解其疑網(事具聖胄集及寶林傳)。

49) 이 사연의 구체적인 내용은 『성주집』과 『보림전』에 기록되어 있다. (원주)

그리하여 사자 존자의 시체를 거두어 탑을 세우니, 이는 곧 위(魏)의 제왕(齊王) 20년 기묘년이었다.[50)]

사자 존자가 바사사다에게 심법과 신표인 가사를 부촉하여 정통 후계자로 삼았다. 이외에 곁가지로 달마달 이하 4세에 이르는 22인이 방출되었다.

遂以師子尊者報體而建塔焉。當魏齊王二十年己卯歲也(當作高貴鄉公六年。蓋齊王芳立十五年而廢矣。正宗記云。寶林傳誤作己卯。當是齊王芳丁卯歲也。然則乃是八年也)。師子尊者付婆舍斯多心法信衣為正嗣。外傍出達磨達四世二十二師。

---

50) 응당 고귀향공 6년이어야 한다. 제나라 왕인 방은 왕에 오른 지 15년 만에 폐위되었기 때문이다. 『정종기』에 이르기를 "『보림전』에는 기묘년이라고 잘못 기재되어 있으니, 응당 제나라 왕인 방의 정묘년이어야 한다. 그러면 이것은 곧 제왕 8년이 된다."라고 하였다. (원주)

 토끼뿔

사자 존자의 전법게를 모두 읽고 이르노라.

어떻게 말을 해야 올바른 지견으로 말함이 되겠는가?

거북털로 무지개 다리 놓고
돌사자로 건너게 하느니라
험.

제25조 바사사다(婆舍斯多) 존자

바사사다 존자[51]는 계빈국 사람으로 성은 바라문이며 아버지는 적행이고 어머니는 상안락이었다. 처음에 어머니가 신기한 칼을 얻는 꿈을 꾸고 태기가 있었다.

태어날때 왼손을 주먹 쥐고 있었는데, 사자 존자를 만나 옛 인연을 깨닫고 심인(心印)을 비밀히 전해 받았다.

뒤에 남천축국으로 가는 도중 중인도에 이르니, 가승이라는 그 나라의 왕이 예를 갖추어 공양하였다.

그때 무아존이라는 외도가 이전부터 왕의 존중을 받았는데, 존자가 오는 것을 질투하였다. 그래서 그는 논쟁을 일으켜서 존자를 이겨 자신의 입지를 확고히 하고자 하였다.

이에 왕 앞에서 바사사다 존자에게 말하였다.

"나는 말없이 논할 수 있으니 언설을 빌리지 않습니다."

第二十五祖婆舍斯多者。罽賓國人也。姓婆羅門。父寂行。母常安樂。初母夢得神劍。因而有孕。既誕拳左手遇師子尊者。顯發宿因密受心印。後適南天至中印度。彼國王名迦勝。設禮供養。時有外道號無我尊。先為王禮重。嫉祖之至欲與論義。幸而勝之以固其事。乃於王前謂祖曰。我解默論不假言說。

51) 바사사다 존자(? ~ 324).

바사사다 존자가 말하였다.
"누가 승부를 아는가?"
외도가 말하였다.
"승부를 다투는 것이 아니고 다만 그 뜻만을 취합니다."
"그대는 무엇을 뜻이라 하는가?"
"무심(無心)을 뜻이라 합니다."
바사사다 존자가 물었다.
"그대가 이미 무심이라 했거늘 어찌〔安〕[52] 뜻을 얻는다 하겠는가?"
외도가 대답하였다.
"제가 무심이라 한 것은 응당 이름이요, 뜻이 아닙니다."
"그대가 무심이라 말한 것은 응당 이름이지 뜻이 아니라 하지만 내가 말한 비심(非心)은 응당 뜻이지 이름이 아니다."
"응당 뜻이지 이름이 아니라 한다면 누가 능히 뜻임을 분별할 수 있습니까?"

祖曰。孰知勝負。曰不爭勝負但取其義。祖曰。汝以何為義。曰無心為義。祖曰。汝既無心安得義乎。曰我說無心當名非義。祖曰。汝說無心當名非義。我說非心當義非名。曰當義非名誰能辨義。

---

52) 안(安) : 원문의 안(安)은 '누구. 어찌. 무엇. 어디. 어느 곳'이라는 뜻이다. 誰,何,什麼,哪裏,何處.

바사사다 존자가 물었다.

“그대가 이름이요, 뜻이 아니라 했으니 그 이름은 어떻게 이름했는가?”

외도가 대답하였다.

“분별한다 하지만 뜻이 없습니다. 이름이라 하지만 이름도 없습니다.”

바사사다 존자가 물었다.

“이름이 이미 이름이 아니라면 뜻도 또한 뜻이 아닌데, 분별하는 이는 누구이며 어떤 물건을 분별하는가?”

이와 같이 59회를 주고받았는데, 외도가 말이 막혀 항복하였다. 이때에 바사사다 존자가 홀연히 북쪽을 향해 합장하고 길게 탄식하였다.

“나의 스승인 사자 존자께서 오늘 화를 당하시는데 참으로 슬픈 일이구나.”

그리고는 왕을 하직하고 남쪽으로 떠나 남천축국에 이르러 산골짜기에 은둔하였다.

祖曰。汝名非義此名何名。曰為辨非義是名無名。祖曰。名既非名義亦非義。辨者是誰。當辨何物。如是往返五十九翻。外道杜口信伏。于時祖忽然面北合掌長吁曰。我師師子尊者。今日遇難斯可傷焉。即辭王南邁達于南天潛隱山谷。

그때 그 나라의 왕은 천덕(天德)이었는데 바사사다 존자를 맞아 공양을 올렸다. 왕에게 두 아들이 있었는데, 한 명은 포악하고 힘도 세었으나 또 한 명은 부드럽고 온화하나 항상 병에 시달렸다. 바사사다 존자가 인과를 설명해주니 왕이 곧 의심하던 바가 모두 풀렸다.

또 어떤 주술하는 이가 바사사다 존자의 도를 시기하여 남몰래 독약을 음식에 넣었다. 존자가 그것을 알면서도 그 음식을 먹었는데, 도리어 그가 화를 당하자 결국 존자에게 출가하여 구족계를 받았다.

60년 뒤에 태자 득승이 왕위에 올라 다시 외도를 믿으면서 바사사다 존자에게 환란을 끼치니, 득승의 태자인 불여밀다가 왕의 잘못을 간언하다가 갇히게 되었다.

왕이 갑자기 바사사다 존자에게 물었다.

"내 나라에는 본래 요망함이 없었는데 대사께서 전하는 것은 어떤 종파인가요?"

時彼國王名天德。迎請供養。王有二子。一凶暴而色力充盛。一柔和而長嬰疾苦。祖乃為陳因果。王即頓釋所疑。又有呪術師忌祖之道。乃潛置毒藥于飲食中。祖知而食之。彼返受禍。遂投祖出家。祖即與受具。後六十載太子得勝即位。復信外道致難于祖。太子不如密多以進諫被囚。王遽問祖曰。予國素絕妖訛。師所傳者當是何宗。

바사사다 존자가 대답하였다.

"왕의 나라에는 예로부터 진실로 삿된 법이 없습니다. 내가 얻은 법은 부처님의 종지입니다."

왕이 말하였다.

"부처님께서 열반하신 지 이미 1200년이 넘었는데 대사는 누구에게 법을 받았습니까?"

"가섭 대사가 직접 부처님의 심인을 전해 받으신 뒤에 차차 전하여 24조인 사자 존자에 이르렀는데 나는 그에게 받았습니다."

"내가 들으니 사자 비구는 형육을 면치 못했다 하는데 어찌 뒷사람에게 법을 전했겠습니까?"

바사사다 존자가 말하였다.

"나의 스승은 환란이 일어나기 전에 미리 나에게 계승의 표시로 믿음의 옷과 법, 게송을 전해 주셨습니다."

왕이 말하였다.

"그 옷이 어디에 있습니까?"

祖曰。王國昔來實無邪法。我所得者即是佛宗。王曰。佛滅已千二百載。師從誰得耶。祖曰。飲光大士親受佛印。展轉至二十四世師子尊者。我從彼得。王曰。予聞。師子比丘不能免於刑戮。何能傳法後人。祖曰。我師難未起時。密授我信衣法偈以顯師承。王曰。其衣何在。

바사사다 존자가 곧 주머니 속에서 옷을 꺼내어 왕에게 보이니, 왕이 태워버리라 명령하였다. 그러나 가사는 오색이 선명해지고 나무가 다 탄 뒤에도 여전하였다. 왕은 곧 후회하며 예를 다하였고, 사자 존자의 진정한 제자라는 것이 밝혀지자 태자를 사면하였다.

태자가 곧 출가하기를 원하자 바사사다 존자가 태자에게 물었다.

"그대가 출가하려는 것은 무엇을 하기 위함인가?"

태자가 대답하였다.

"제가 출가하는 것은 다른 일을 위함이 아닙니다."

"무슨 일을 위함이 아니라는 말인가?"

"세속의 일을 위함이 아니라는 말입니다."

바사사다 존자가 말하였다.

"어떤 일을 위함인가?"

"부처님의 일을 위함입니다."

바사사다 존자가 말하였다.

祖即於囊中出衣示王。王命焚之。五色相鮮薪盡如故。王即追悔致禮。師子真嗣既明乃赦太子。太子遂求出家。祖問太子曰。汝欲出家當為何事。曰我若出家不為別[53]事。祖曰。不為何事。曰不為俗事。祖曰。當為何事。曰當為佛事。祖曰。

53) 別이 송, 원나라본에는 其로 되어 있다.

"태자의 지혜가 하늘에까지 미칠 듯하니, 반드시 여러 성인이 강림하실 것이다."

곧 출가를 허락하니 6년을 시봉하였다. 그 뒤에 왕궁에서 구족계를 받고 갈마를 진행할 때에 대지가 진동하는 등 자못 영험하고 기이한 일이 많았다.

그리하여 바사사다 존자가 그에게 분부를 내렸다.

"나는 이미 늙었다. 어찌 오래 있을 수 있으랴. 그대가 응당 정법안장을 잘 보호하여 유정들을 널리 제도하라. 나의 게송을 들어라."

성인이 말하는 지견은
경계를 대해서 시비 없네
나 이제 참성품 깨달음에
도랄 것도, 이치랄 것도 없네

太子智慧天至必諸聖降迹。即許出家。六年侍奉。後於王宮受具羯磨之際。大地震動頗多靈異。祖乃命之曰。吾已衰朽安可久留。汝當善護正法眼藏普濟群有。聽吾偈曰。

聖人說知見
當境無是非
我今悟真性
無道亦無理

불여밀다가 게송을 듣고 다시 바사사다 존자에게 물었다.

"법의를 계속해서 전하오리까?"

바사사다 존자가 말하였다.

"이 법의는 환란 때문에 임시 증표로 삼기 위한 것이었는데, 그대의 몸에는 환란이 없을 것이니 무엇 하러 법의를 전하겠는가? 덕화가 사방에 퍼지면 사람들이 자연히 믿고 향해 오리라."

불여밀다가 이 말씀을 듣고 예를 올리고 물러갔다. 바사사다 존자가 신통변화를 나타내어 삼매의 불로 스스로의 몸을 태우니 평지에 쌓인 사리가 한 자나 되었다.

득승왕이 부도(浮圖)를 세워 봉안하니, 이는 곧 동진(東晋)의 명제(明帝) 태령(太寧) 3년 을유년이었다.

不如密多聞偈再啟祖曰。法衣宜可傳授。祖曰。此衣為難故假以證明。汝身無難何假其衣。化被十方人自信向。不如密多聞語作禮而退。祖現于神變化三昧火自焚。平地舍利可高一尺。得勝王創浮圖而祕之。當東晉明帝太寧三年乙酉歲也。

토끼뿔

바사사다 존자의 전법게를 모두 읽고 이르노라.

삼천대천세계의 모든 것이 도 아님이 없다. 어찌하여 그러는고?

임제의 할소리에 노래하고
덕산의 방을 맞은 춤이라야
모든 것이 도라 함을 알 것일세

제26조 불여밀다(不如密多) 존자

불여밀다 존자[54]는 남인도 득승왕의 태자였다. 승려가 되어 법을 전해 받은 뒤에 동인도에 이르니, 그 나라 왕의 이름은 견고인데 외도의 스승인 장조 범지를 받들고 있었다.

불여밀다 존자가 그 나라에 이르렀을 때 왕과 범지는 흰 기운이 위아래로 뻗치는 것을 동시에 보았다.

왕이 물었다.

"이것은 무슨 상서인가?"

범지는 불여밀다 존자가 국경에 들어왔음을 미리 알았으나, 왕의 마음이 선법(善法)으로 넘어갈까봐 두려워서 거짓으로 말하였다.

"이것은 마가 올 징조일 뿐입니다. 무슨 상서가 있겠습니까?"

그리고는 곧 무리를 모아놓고 의논하였다.

"불여밀다가 도성에 들어오면 누가 그를 꺾을 수 있겠는가?"

제자들이 말하였다.

第二十六祖不如密多者。南印度得勝王之太子也。既受度得法至東印度。彼王名堅固。奉外道師長爪梵志。暨尊者將至。王與梵志同覩白氣貫于上下。王曰。斯何瑞也。梵志預知尊者入境。恐王遷善乃曰。此是魔來之兆耳。何瑞之有。即鳩諸徒衆議曰。不如蜜多將入都城。誰能挫之。弟子曰。

54) 불여밀다 존자(? ~ 388).

"저희들에게는 제각기 주술이 있어 천지를 움직이고 물과 불에도 들어가는데 무엇이 근심되겠습니까?"

불여밀다 존자가 이르러서 먼저 궁전의 담벽에 검은 기운이 서린 것을 보고 말하였다.

"작은 환난이 있겠구나."

그리고는 곧바로 왕의 처소로 가니, 왕이 말하였다.

"대사는 무엇 하러 오셨소?"

불여밀다 존자가 대답하였다.

"중생을 제도하려 합니다."

왕이 물었다.

"어떤 법으로 제도하시겠소?"

불여밀다 존자가 대답하였다.

"각각 그 부류에 맞는 법으로 제도합니다."

이때에 범지가 이 말을 듣고 분함을 이기지 못하여 요술로써 큰 산을 만들어 불여밀다 존자의 정수리 위에 얹어 두었다.

我等各有呪術。可以動天地入水火。何患哉。尊者至先見宮牆有黑氣。乃曰。小難耳。直詣王所。王曰。師來何為。尊者曰。將度衆生。曰以何法度。尊者曰。各以其類度之。時梵志聞言不勝其怒。即以幻法化大山於尊者頂上。

불여밀다 존자가 손가락으로 그것을 가리키니, 홀연히 그들의 머리 위로 옮겨졌다. 범지의 무리가 겁이 나서 불여밀다 존자에게 귀의하니, 존자가 그들의 어리석음을 가엾게 여기어 다시 손가락으로 가리키자 허깨비 산이 즉시 사라졌다.

그리고는 왕에게 법의 요지를 널리 설하여 참된 법에 나아가게 하였다. 또 왕에게 말하였다.

"이 나라에서 성인이 나와 나의 법을 이을 것입니다."

그때 나이가 20세쯤 되는 바라문의 아들이 있었는데, 어려서 부모를 잃었으므로 이름도 성도 몰랐다. 혹 스스로 영락(瓔珞)이라 하였으므로 사람들이 영락 동자라고 불렀다.

그는 마을로 다니면서 걸식을 하며 세월을 보냈는데 마치 상불경(常不輕)보살[55]과 같았다.

尊者指之忽在彼衆頭上。梵志等怖懼投尊者。尊者愍其愚惑。再指之化山隨滅。乃為王演說法要俾趣真乘。又謂王曰。此國當有聖人而繼於我。是時有婆羅門子。年二十許。幼失父母。不知名氏。或自言瓔珞。故人謂之瓔珞童子。遊行閭里丐求度日。若常不輕之類。

55) 상불경(常不經)보살 : 법화경 상불경 보살품에 나오는 보살로 본래 누구나 부처이기에 모든 이들을 경시하지 않고 항상 공경하였다.

누가 "너는 어찌 걸음이 급한가?" 하고 물으면 "그대는 어찌 걸음이 느린가?" 하고 대답하고 혹 "성이 무엇인가?" 하고 물으면 "그대의 성과 같다."라고 대답하니, 아무도 그 까닭을 알지 못하였다.

뒤에 왕과 불여밀다 존자가 같이 수레를 타고 나오다가 영락 동자가 그 앞에 와서 머리를 조아리는 것을 보았다.

불여밀다 존자가 물었다.

"너는 지난 일을 기억하겠느냐?"

동자가 대답하였다.

"제가 생각해보니 먼 겁에 스님과 같이 살았는데, 스님은 마하반야를 설하셨고 저는 심히 깊은 수다라(修多羅)를 읽었습니다. 오늘의 일이 옛 인연과 계합되는가 합니다."

불여밀다 존자가 다시 왕에게 말하였다.

"이 동자는 다른 이가 아니라 곧 대세지보살(大勢至菩薩)입니다.

人問汝何行急。即答云。汝何行慢。或問何姓。乃曰。與汝同姓。莫知其故。後王與尊者同車而出。見瓔珞童子稽首於前。尊者曰。汝憶往事否。曰我念遠劫中與師同居。師演摩訶般若。我轉甚深修多羅。今日之事蓋契昔因。尊者又謂王曰。此童子非他。即大勢至菩薩是也。

이 성인의 뒤에는 다시 두 사람이 나올 것인데, 한 사람은 남인도를 교화하고 한 사람은 진단(震旦)에 인연이 있으나 20년〔四五年〕[56] 안에 다시 이곳으로 돌아올 것입니다."

그리하여 옛 인연에 따라 반야다라(般若多羅)라 하고 정법안장을 부촉하며 게송을 말해 주었다.

맘 바탕에 참성품 갖췄으나
머리도, 꼬리도 없으니
인연 응해 만물을 교화함을
지혜라고 하는 것도 방편일세

불여밀다 존자가 법을 전한 뒤에 왕에게 하직을 알렸다.

此聖之後復出二人。一人化南印度。一人緣在震旦。四五年內却返此方。遂以昔因故名般若多羅付法眼藏。偈曰。

真性心地藏
無頭亦無尾
應緣而化物
方便呼為智

尊者付法已。即辭王曰。

---

56) 20년〔四五年〕: 전등록 제3권 〈제28조 보리달마 대사〉 편에서 달마 대사가 '내가 가더라도 오래 있지는 않을 것이니 19년이면 돌아옵니다.' 라고 말한 것으로 보아 원문의 四五년은 20년을 말함으로 보인다.

"저는 교화할 인연이 다하여서 열반에 들려 합니다. 바라오니 대왕께서는 최상승(最上乘)을 잘 보호하시기를 잊지 마십시오."

그리고는 본래의 자리로 돌아가서 가부좌를 맺고 앉아 열반에 드니, 삼매의 불이 일어나서 스스로를 태웠다. 왕이 사리를 거두어 탑을 세우고 모셨다.

이는 곧 동진(東晋)의 효무제(孝武帝) 태원(太元) 16년 무자년이었다.

吾化緣已終當歸寂滅。願王於最上乘無忘外護。即還本座跏趺而逝。化火自焚。王收舍利塔而瘞之。當東晉孝武帝太元十六年[57]戊子歲也。

57) 十六年이 송, 원, 명, 청나라본에는 十三年으로 되어 있다.

토끼뿔

불여밀다 존자의 전법게를 모두 읽고 이르노라.

성품이다 지혜다 이름지어 나눈 허물 적지 않도다.
(엄지를 세워 보이다.)
험.

제27조 반야다라(般若多羅) 존자

반야다라 존자[58]는 동인도 사람으로 법을 받은 뒤에 교화를 떠나서 남인도에 이르렀다. 그 나라 왕의 이름은 향지(香至)였는데, 불법을 몹시 숭상하여 존중하였고 공양하는 것이 무리들 중에서 뛰어났으며, 또한 값을 따질 수 없는 보배구슬을 보시하였다.

이때에 왕에게 세 아들이 있었는데 막내가 보살〔開士〕[59]이었다. 반야다라 존자가 그들의 지혜를 시험하고자 보시 받은 구슬을 가지고 세 왕자에게 물었다.

"이 구슬이 둥글고 밝은데 이에 미칠 것이 있겠는가?"

첫째 왕자 목정다라와 둘째 왕자 공덕다라는 모두가 똑같이 대답하였다.

第二十七祖般若多羅者。東印度人也。既得法已。行化至南印度。彼王名香至。崇奉佛乘尊重供養度越倫等。又施無價寶珠。時王有三子。其季開士也。尊者欲試其所得。乃以所施珠問三王子曰。此珠圓明有能及此否。第一子目淨多羅。第二子功德多羅。皆曰。

---

58) 반야다라 존자(? ~ 457). 대세지보살의 후신.

59) 개사(開士) : 원문의 개사(開士)는 성불할 수 있는 바른 길을 열어 중생을 인도하는 스승이라는 뜻으로, 보살 또는 고승을 일컫는 말이다.

"이 구슬은 칠보 중에서도 존귀하여 비할 것이 없습니다. 존자의 도력이 아니면 어떻게 이를 얻겠습니까?"

셋째 왕자 보리다라는 이렇게 대답하였다.

"이는 세상의 보배이니, 귀히 여길 것이 못됩니다. 모든 보배 중에서 법의 보배가 으뜸입니다. 또 이 빛은 세간의 빛이니, 귀히 여길 것이 못됩니다. 모든 빛 중에는 지혜의 빛이 으뜸입니다. 또 이 세간의 밝음은 귀히 여길 것이 못됩니다. 모든 밝음 가운데는 마음의 밝음이 으뜸입니다.

이 구슬의 빛과 밝음은 스스로 비추지 못하고 반드시 지혜의 빛에 의해서만 이 빛이 분별됩니다. 이를 분별한 뒤에야 구슬인 줄을 알게 되고 구슬임을 안 뒤에야 빛나는 보배임을 압니다.

만약 그것이 보배라고 밝혀지더라도 보배는 스스로 보배가 되지 못하고, 만약 그것이 구슬이라고 분별되더라도 구슬은 스스로 구슬이 되지 못합니다.

此珠七寶中尊固無踰也。非尊者道力孰能受之。第三子菩提多羅曰。此是世寶未足為上。於諸寶中法寶為上。此是世光未足為上。於諸光中智光為上。此是世明未足為上。於諸明中心明為上。此珠光明不能自照。要假智光光辯於此。既辯此已即知是珠。既知是珠即明其寶。若明其寶寶不自寶。若辯其珠珠不自珠。

구슬이 스스로 구슬이 되지 못한다는 것은 지혜의 구슬을 빌려야만 세상의 구슬을 분별할 수 있다는 것이고, 보배가 스스로 보배가 되지 못한다는 것은 지혜의 보배를 빌려야만 법의 보배를 밝힐 수 있다는 것입니다.

대사께서 그런 도가 있으므로 그런 보배가 곧 나타난 것과 같이, 중생들에게 도가 있어서 마음의 보배가 나타나는 것도 이와 같습니다."

반야다라 존자가 그의 변설과 지혜에 탄복하며 다시 물었다.

"모든 물건 가운데 어떤 물건이 형상이 없는가?"

보리다라가 말하였다.

"모든 물건 가운데서 일으킴이 없는 것을 형상이 없다 합니다."

또 물었다.

"모든 물건 가운데서 어떤 물건이 가장 높은가?"

"모든 물건 가운데서 '나'와 '남'의 집착이 가장 높습니다."

珠不自珠者。要假智珠而辯世珠。寶不自寶者。要假智寶以明法寶。然則師有其道其寶即現。眾生有道心寶亦然。尊者歎其辯慧。乃復問曰。於諸物中何物無相。曰於諸物中不起無相。又問。於諸物中何物最高。曰於諸物中人我最高。

또 물었다.

"모든 물건 가운데서 어떤 물건이 가장 큰가?"

보리다라가 말하였다.

"모든 물건 가운데서 법성이 가장 큽니다."

반야다라 존자는 그가 법을 이을 사람임을 알았으나 때가 아직 이르지 않았으므로 우선 잠잠히 해 두었다.

뒤에 향지왕이 세상을 떠날 때에 대중들이 모두 통곡 하였으나 셋째 왕자인 보리다라만이 영구 앞에서 선정에 들어 7일 만에 깨어나서 출가하겠다고 하였다. 반야다라 존자가 구족계를 준 뒤에 그에게 분부하였다.

"여래께서 정법안장을 대가섭에게 전하셨고 이렇게 차츰차츰 전하여 나에게 이르렀는데, 내가 이제 그대에게 전하니 나의 게송을 들어라."

又問。於諸物中何物最大。曰於諸物中法性最大。尊者知是法嗣。以時尚未至且默而混之。及香至王厭世衆皆號絕。唯第三子菩提多羅。於柩前入定。經七日而出。乃求出家。既受具戒。尊者告曰。如來以正法眼付大迦葉。如是展轉乃至於我。我今囑汝。聽吾偈曰。

마음에서 모든 종자 냄이여
일〔事〕로 인해 다시 이치 나느니라
두렷이 보리과가 원만하니
세계를 일으키는 꽃 피우리

반야다라 존자가 법을 전한 뒤에 바로 그 자리에서 일어나서 좌우의 손을 펴 각각 광명을 놓으니 27줄기로 오색이 찬란하였다.

또 몸을 허공에 7다라수 높이로 솟구쳐 삼매의 불을 내어 스스로를 태우니 허공에서 사리가 비 오듯 하였다. 그것을 거두어서 탑을 세웠다.

心地生諸種
因事復生理
果滿菩提圓
華開世界起

尊者付法已。即於座上起立。舒左右手各放光明。二十七道五色光耀。又踊身虛空。高七多羅樹。化火自焚空中舍利如雨收以建塔。

이는 곧 송(宋)의 효무제(孝武帝) 대명(大明) 원년 정유년이었다.[60]

當宋孝武帝大明元年丁酉歲也(正宗記云。宋孝武之世也。又注云。以達磨六十七年算之。當在宋孝武建元元年甲午也)。

60) 『정종기』에 이르기를 "송의 효무제 때이다."라고 하였다. 또 주에 이르기를 "달마 67년으로 계산하면 당시는 송의 효무제 건원 원년 갑오년이다."라고 하였다. (원주)

 토끼뿔

반야다라 존자의 전법게를 모두 읽고 이르노라.

옳기는 심히 옳으나 어쩌랴. 물속의 달놀음을 면하지 못했으니….

(주장자를 세웠다 주장자를 누이고)
험.

색 인 표

색 인 표

색 인 표

색 인 표

ㅇ

ㅈ

색 인 표

색 인 표

부록은 농선 대원 선사님의 인가 내력과 법어, 그리고 대원 선사님께서 직접 작사하신 노래 가사를 실었다. 특히 요즘 선지식 없이 공부하는 이들을 위하여 수행의 길로부터 불보살님의 누림까지 닦아 증득할 수 있도록 '부록4'에 '가슴으로 부르는 불심의 노래' 가사를 담았으니, 끝까지 정독하여 수행의 요긴한 지침이 되기를 바란다.

부 록

농선 대원 선사님 인가 내력

제 1 오도송

이 몸을 끄는 놈 이 무슨 물건인가?
골똘히 생각한 지 서너 해 되던 때에
쉬이하고 불어온 솔바람 한 소리에
홀연히 대장부의 큰 일을 마치었네

무엇이 하늘이고 무엇이 땅이런가
이 몸이 청정하여 이러-히 가없어라
안팎 중간 없는 데서 이러-히 응하니
취하고 버림이란 애당초 없다네

하루 온종일 시간이 다하도록
헤아리고 분별한 그 모든 생각들이
옛 부처 나기 전의 오묘한 소식임을
듣고서 의심 않고 믿을 이 누구인가!

此身運轉是何物
疑端汨沒三夏來
松頭吹風其一聲
忽然大事一時了

何謂靑天何謂地
當體淸淨無邊外
無內外中應如是
小分取捨全然無

一日於十有二時
悉皆思量之分別
古佛未生前消息
聞者卽信不疑誰

대원 선사님의 스승이신 불조정맥 제77조 조계종(曹溪宗) 전강(田岡) 대선사님께서 1962년 대구 동화사의 조실로 계실 당시 대원 선사님께서도 동화사에 함께 머무르고 계셨다.

하루는 전강 대선사님께서 대원 선사님의 3연으로 되어 있는 제1오도송을 들어 깨달은 바는 분명하나 대개 오도송은 짧게 짓는다고 말씀하셨다. 이에 대원 선사님께서는 제1오도송을 읊은 뒤, 도솔암을 떠나 김제들을 지나다가 석양의 해와 달을 보고 문득 읊었던 제2오도송을 일러드렸다.

제 2 오도송

해는 서산 달은 동산 덩실하게 얹혀 있고
김제의 평야에는 가을빛이 가득하네
대천이란 이름자도 서지를 못하는데
석양의 마을길엔 사람들 오고 가네

日月兩嶺載同模
金提平野滿秋色
不立大千之名字
夕陽道路人去來

제2오도송을 들으신 전강 대선사님께서는 이에 그치지 않고 그와 같은 경지를 담은 게송을 이 자리에서 즉시 한 수 지어볼 수 있겠냐고 하셨다. 대원 선사님께서는 곧바로 다음과 같이 읊으셨다.

바위 위에는 솔바람이 있고
산 아래에는 황조가 날도다

대천도 흔적조차 없는데
달밤에 원숭이가 어지러이 우는구나

岩上在松風
山下飛黃鳥
大千無痕迹
月夜亂猿啼

전강 대선사님께서는 위 송의 앞의 두 구를 들으실 때만 해도 지그시 눈을 감고 계시다가 뒤의 두 구를 마저 채우자 문득 눈을 뜨고 기뻐하는 빛이 역력하셨다.

그러나 전강 대선사님께서는 여기에서도 그치지 않고 다시 한 번 물으셨다.

"대중들이 자네를 산으로 불러내어 그 중에 법성(향곡 스님 법제자인 진제 스님. 동화사 선방에 있을 당시에 '법성'이라 불렸고, 나중에 '법원'으로 개명하였다.)이 달마불식(達磨不識) 도리를 일러보라 했을 때 '드러났다'라고 답했다는데, 만약에 자네가 당시의 양무제였다면 '모르오'라고 이르고 있는 달마 대사에게 어떻게 했겠는가?"

대원 선사님께서 답하셨다.

"제가 양무제였다면 '성인이라 함도 서지 못하나 이러-히 짐의 덕화와 함께 어우러짐이 더욱 좋지 않겠습니까?' 하며 달마 대사의 손을 잡아 일으켰을 것입니다."

전강 대선사님께서 탄복하며 말씀하셨다.

"어느새 그 경지에 이르렀는가?"

"이르렀다곤들 어찌하며, 갖추었다곤들 어찌하며, 본래라곤들 어찌하리까? 오직 이러-할 뿐인데 말입니다."

대원 선사님께서 연이어 말씀하시자 전강 대선사님께서 이에 환희하시니 두 분이 어우러진 자리가 백아가 종자기를 만난 듯, 고수명창 어울리듯 화기애애하셨다.

달마불식 공안에 대한 위의 문답은 내력이 있는 것이다. 전강 대선사님께서 대원선사님을 부르시기 며칠 전에, 저녁 입선 시간 중에 노장님 몇 분만이 자리에 앉아있을 뿐 자리가 텅텅 비어 있었다고 한다.

대원 선사님께서 이상히 여기고 있던 중, 밖에서 한 젊은 수좌가 대원선사님을 불렀다. 그 수좌의 말이 스님들이 모두 윗산에 모여 기다리고 있으니 가자고 하기에 무슨 일인가 하고 따라가셨다.

그러자 그 자리에 있던 법성 스님이 보자마자 달마불식 법문을 들고 이르라고 하기에 지체없이 답하셨다.

"드러났다."

곁에 계시던 송암 스님께서 또 안수정등 법문을 들고 물으셨다.

"여기서 어떻게 살아나겠소?"

대뜸 큰소리로 이르셨다.

"안·수·정·등."

이에 좌우에 모인 스님들이 함구무언(緘口無言)인지라 대원 선사님께서는 먼저 그 자리를 떠나 내려와 버리셨다.

그 다음날 입승인 명허 스님께서 아침 공양이 끝난 자리에서 지난 밤 입선시간 중에 무단으로 자리를 비운 까닭을 묻는 대중 공사를 붙여

산 중에서 있었던 일들이 낱낱이 드러나고 말았다. 그리하여 입선시간 중에 자리를 비운 스님들은 가사 장삼을 수하고 조실인 전강 대선사님께 참회의 절을 했던 일이 있었다.

전강 대선사님께서는 이때에 대원 선사님께서 달마불식 도리에 대해 일렀던 경지를 점검하셨던 것이다.

이런 철저한 검증의 자리가 있었던 다음 날, 전강 대선사님께서 부르시기에 대원 선사님께서 가보니 모든 것이 약조된 데에서 주지인 월산(月山) 스님께서 입회해 계셨으며 전강 대선사님께서는 곧바로 다음과 같이 전법게(傳法偈)를 전해주셨다.

전 법 게

부처와 조사도 일찍이 전한 것이 아니거늘
나 또한 어찌 받았다 하며 준다 할 것인가
이 법이 2천년대에 이르러서
널리 천하 사람을 제도하리라

佛祖未曾傳
我亦何受授
此法二千年
廣度天下人

덧붙여 이 일은 월산 스님이 증인이며 2000년까지 세 사람 모두 절대 다른 사람이 알게 하거나 눈에 띄게 하지 않아야 한다고 당부하셨다.

만약 그러지 않을 시에는 대원 선사님께서 법을 펴 나가는데 장애가 있을 것이라고 예언하셨다. 또한 각별히 신변을 조심하라 하시고 월산 스님에게 명령해 대원선사님을 동화사의 포교당인 보현사에 내려가 교화에 힘쓰게 하셨다.

대원 선사님께서 보현사로 떠나는 날, 전강 대선사님께서는 미리 적어두셨던 부송(付頌)을 주셨으니 다음과 같다.

부 송

어상을 내리지 않고 이러-히 대한다 함이여
뒷날 돌아이가 구멍 없는 피리를 불리니
이로부터 불법이 천하에 가득하리라

不下御床對如是
後日石兒吹無孔
自此佛法滿天下

위의 게송에서 '어상을 내리지 않고 이러-히 대한다 함이여'라는 첫째 줄 역시 내력이 있는 구절이다.

전에 대원 선사님께서 전강 대선사님을 군산 은적사에서 모시고 계실 당시 마당에서 홀연히 마주쳤을 때 다음과 같은 문답이 있었다.

전강 대선사님께서 물으셨다.

"공적(空寂)의 영지(靈知)를 이르게."

대원 선사님께서 대답하셨다.

"이러-히 스님과 대담(對談)합니다."

"영지의 공적을 이르게."

"스님과의 대담에 이러-합니다."

"어떤 것이 이러-히 대담하는 경지인가?"

"명왕(明王)은 어상(御床)을 내리지 않고 천하 일에 밝습니다."

위와 같은 문답 중에 대원 선사님께서 답하신 경지를 부송의 첫째 줄에 담으신 것이다.

전강 대선사님께서 대원선사님을 인가(印可)하신 과정을 볼 때 한 번, 두 번, 세 번을 확인하여 철저히 점검하신 명안종사의 안목에 탄복하지 않을 수 없으며 이에 끝까지 1초의 머뭇거림도 없이 명철하셨던 대원선사님께 찬탄하지 않을 수 없다.

그리하여 법열로 어우러진 두 분의 자리가 재현된 듯 함께 환희용약하지 않을 수 없다.

이제 전강 대선사님과 약속한 2천년대를 맞이하였으므로 여기에 전법게를 밝힌다.

이로써 경허, 만공, 전강 대선사님으로 내려온 근대 대선지식의 정법의 횃불이 이 시대에 이어져 전강 대선사님의 예언대로 불법이 천하에 가득할 것이다.

농선 대원 선사님 법어

깨달음은 실증실수다. 그러나 지금의 불교가 잘못된 견해와 지식으로 불조의 가르침을 왜곡하고 견성성불 하고자 애쓰는 수행인들을 오히려 길을 잃고 헤매게 하고 있다.

그래서 이 장에서는 대원 선사님의 혜안으로 제방에서 논의되는 불교의 핵심적인 대목을 밝혀, 불조의 근본 종지를 드러내고 불교가 나아가야 할 바를 보였다.

깨달음의 정수를 담은 12게송은 실제 깨닫지 못하고 말로만 깨달음을 말하거나 혹은 깨달았다 해도 보림이 미진한 이들을 경계하게 하며 실증의 바탕에서 닦아 증득할 수 있도록 하였으니, 생사를 결단하고 본연한 참나를 회복하려는 이들에게 칠흑 같은 밤길에 등불과 같은 길잡이가 될 것이다.

화두실참

제방의 선방 상황을 보면 목적지에 이르는 길을 몰라 노정길을 묻고 있는 격이다. 무자와 이뭐꼬 화두가 최고라 하면서도 실제 실참을 하지 못하고 있기 때문이다. '이 무엇인고?' 하면서 이 눈으로 보려 한다면 경계 위에서 찾는 것이어서 억만 겁을 두고 찾아도 찾을 수 없다. 그러므로 깨달아 일체종지를 이룬 스승의 분명한 안목의 지도가 없다면 화두를 들든, 관법을 행하든, 염불을 하든 깨달음을 기약한다는 것이 정말 어렵다 할 것이다.

오후보림

설사 깨달음을 성취했다 해도 그것은 공부의 끝이 아니다. 오후보림을 통해 업을 다해야만 육신통을 자재할 수 있게 되는 것이다. 일상에 육신통을 자재하는 구경본분의 경지일 때 비로소 공부를 마쳤다 할 것이다.

개유불성

부처님께서 분명히 준동함령 개유불성(蠢動含靈 皆有佛性)이라고 하셨다. 이것은 모든 만물이 다 부처가 될 성품을 갖고 있다는 뜻이다. 불성이 하나라고 주장하는 목소리가 불교계에 드높으나 이것은 개유불성 즉, 낱낱이 제 불성은 제가 지니고 있다는 부처님의 말씀을 정면으로 어기는 말이다.

옛 선사님 말씀에 '천지(天地)가 여아동근(與我同根)이고 만물(万物)이 여아일체(與我一切)'라고 했다. '천지가 여아동근이다' 라는 것은 하늘 땅이 나와 더불어 같은 뿌리라는 말이다.

'나와 더불어'라고 했고 또한 한 뿌리가 아니라 같은 뿌리라고 했다. '더불 여(與)'자와 '같을 동(同)'자가 이미 하나라 할 수 없다는 것을 말해주고 있다. 즉 이 말은 하나와도 같다, 한결같이 똑같다는 말이다. 하나라면 '같을 동'자 뿐만 아니라 일이란 글자도 설 수 없다. 일은 이가 있을 때에야 비로소 설 수 있는 것이다.

그러므로 '천지가 여아동근이다' 즉 하늘과 땅이 나와 더불어 같은 뿌리라는 것은 모든 것이 한결같이 가없는 성품 자체에서 비롯되었다는 말이다.

또한 '만물이 여아일체이다' 즉 만물이 나와 더불어 한 몸이라는 말에서 일체란 하나의 몸을 말하는 것이 아니라 모든 불성이 가없는 성품 자체로 서로 상즉한 온통인 몸을 말하는 것이어서 만물이 나와 더불어 상즉한 자체를 말한 것이다.

공부를 많이 한 사람이 외도에 깊이 떨어지는 경우가 있다. 인가를 받지 못한 선지식들이 모두 체성을 보지 못한 이는 아니다. 가없는 성품 자체에 사무치고 보니 도저히 둘일 수가 없으므로 불성이 하나라고 한 것이다. 그러나 불성이 하나라고 하는 것은 바른 깨달음이 아니다. 그래서 인가를 받지 않으면 외도라 하는 것이다. 체성에 사무쳤다 해도 스승의 지도를 받아 일체종지를 이루지 못하면 이런 큰 허물을 짓는 것이다.

만약 불성이 하나라고 하는 이가 있으면 "아픈 것을 느끼는 것이 몸뚱이냐, 자성이냐?"라고 물어야 한다. 그러면 당연히 누구나 자성이라고 답할 것이다. 만약 몸뚱이가 아픔을 느끼는 것이라면 시체도 아픔을 느껴야 하기 때문이다. 이렇게 볼 때에 자성이 하나라면 누군가 아플 때 동시에 모두 아픔을 느껴야 할 것이다. 또한 한 사람이 생각을 일으킬 때 이를 모두 알아야 한다. 불성이 하나라면 마음도 하나여서 다른 마음이 있을 수 없기 때문이다.

돈오돈수

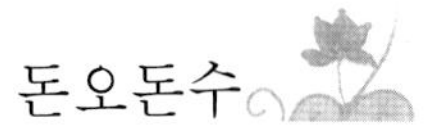

제방에 돈오돈수(頓悟頓修)에 대한 여러 가지 서로 다른 주장으로 시비가 끊어지지 않고 있다. 이로 인해 수행자들이 견성하면 더 이상 닦을 것이 없다는 그릇된 견해에 집착하거나 의심을 일으킬까 염려하여 여기에 바른 돈오돈수의 이치를 밝히고자 한다.

견성이 곧 돈오돈수라고 하는 분들이 많다.

그러나 견성이 곧 구경지인 성불이라면 돈오면 그만이지 돈수란 말은 왜 해놓았겠는가?

또한 오후보림(悟後保任)이라는 말은 무슨 말인가.

금강경에는 네 가지 상(我相, 人相, 衆生相, 壽者相)만 여의면 곧 중생이 아니라는 말이 수없이 되풀이되고 있다.

그런데 제구 일상무상분(第九 一相無相分)을 볼 때 다툼이 없는(곧 모든 상을 여읜) 삼매인(三昧人) 가운데 제일인 아라한도 구경지가 아니니 보살도를 닦아 등각을 거쳐야 구경성불인 묘각지에 이르른다는 사실을 알 수 있다.

또한, 제이십삼 정심행선분(第二十三 淨心行善分)을 보면 부처님께서 "아도 없고, 인도 없고, 중생도 없고, 수자도 없는 가운데 모든 선법(善法)을 닦아야 곧 아뇩다라삼먁삼보리를 얻는다."라고 말씀하시고 있으니 이것은 다름이 아니라 견성한 후에 견성을 한 지혜로써 항상 체성을 여의지 않고, 남은 업을 모두 닦아 본래 갖춘 지혜덕상을 원만하게 회복시켜야 구경성불할 수 있다는 말씀이다.

그렇다면 어째서 돈수일까?

'돈'이란 시공이 설 수 없는 찰나요, '수'란 시간과 공간 속에서 닦는 것이다.

단박에 마친다면 '돈'이면 그만이고, 견성 이전이든 이후든 닦음이 있다면 '수'라고만 할 것이지 어째서 돈과 수가 함께 할 수 있을까? 그야말로 물의 차고 더움은 그 물을 마셔본 자만이 알듯이 깨달은 사람만이 알 것이다.

사무쳐 깨닫고 보니 시공이 서지 않아 이러-히 닦아도 닦음이 없으니 네 가지 상이 없는 가운데 모든 선법을 닦는 것이요, 단박에 깨달으니 색공(色空)이 설 수 없어 이러-한 경지에서 닦음 없이 닦으니 네 가지 상이 없는 가운데 모든 선법을 닦는 것이다.

이와 같이 깨달아서 깨달은 바 없고, 닦아서는 닦은 바 없이 닦아, 남음이 없는 구경지인 성불에 이르는 과정을 돈오돈수라 한다.

견성하면 마음 이외의 다른 물건이 없는 경지인데 어떻게 닦음이 있을 수 있는가 하고 의심하는 분들이 많다. 그러나 견성했다 해도 헤아릴 수 없는 겁 동안에 길들여온 업으로 인하여 경계를 대하면 깨달아 사무친 바와 늘 일치하지는 못한다.

그래서 견성한 지혜로써 항상 체성을 여의지 않고 억겁에 익혀온 업을 제거하고 지혜 덕상을 원만하게 회복시켜야 구경성불할 수 있다.

이것이 앞에서 밝혔듯 금강경에서 부처님께서 하신 말씀이요, 돈오돈수를 주창한 당사자인 육조 대사님께서 하신 말씀이다.

육조단경 돈황본 이십칠 상대법편과 이십팔 참됨과 거짓을 보면 육조 대사님께서 당신의 설법언하에 대오하고도 슬하에서 3, 40년간 보림한 십대 제자들을 모아놓고 말씀하신다.

"내가 떠난 뒤에 너희들은 각각 일방의 지도자가 될 것이다. 그러므로 내가 너희들에게 설법하는 것을 가르쳐서 근본종지를 잃지 않도록 해주리라. 나오고 들어감에 곧 양변을 여의도록 하라." 하시고 삼과(三科)의 법문과 삼십육대법(三十六對法)을 설하셨다.

뿐만 아니라 2, 3개월 후 다시 십대 제자들을 모아놓고 "8월이 되면 세상을 떠나고자 하니 너희들은 의심이 있거든 빨리 물어라. 내가 떠난 뒤에는 너희들을 가르쳐 줄 사람이 없다." 하시며 진가동정게(眞假動靜偈)를 설하시고 외워 가져 수행하여 종지를 잃지 않도록 하라고 거듭 당부를 하시고 있다.

이것을 보아서도 이 사람이 말한 돈오돈수와 육조 대사께서 말씀하신 돈오돈수가 같다는 것을 알 수 있을 것이다.

다시 한 번 밝히자면 돈오란 자신의 체성을 단박에 깨닫는 것이요, 돈수란 깨달은 체성의 지혜로써 닦음 없이 닦는 것으로 이것이 곧 오후 보림이며, 수행자들이 퇴전하지 않고 구경성불할 수 있는 바른 수행의 길이다.

다음은 전등록 제 9권에서 추출한 것이다.

"돈오(頓悟)한 사람도 닦아야 합니까?"

"만일 참되게 깨달아 근본을 얻으면 그대가 스스로 알게 될 것이니 닦는다, 닦지 않는다 하는 것은 두 가지의 말일 뿐이다. 처음으로 발심한 사람들이 비록 인연에 따라 한 생각에 본래의 이치를 단박에 깨달았으나 아직도 비롯함이 없는 여러 겁의 습기(習氣)는 단박에 없어지지 않으므로, 그것을 깨끗이 하기 위하여 현재의 업과 의식의 흐름을 차츰차츰 없애야 하나니 이것이 닦는 것이다. 그것에 따로이 수행하게 하는 법이 있다고 말하지 마라.

들음으로 진리에 들고, 진리를 듣고 묘함이 깊어지면 마음이 스스로 두렷이 밝아져서 미혹한 경지에 머무르지 않으리라. 비록 백천 가지 묘한 이치로써 당대를 휩쓴다 하여도 이는 자리에 앉아서 옷을 입었다가 다시 벗는 것으로써 살림을 삼는 것이니, 요약해서 말하면 실제 진리의 바탕에는 한 티끌도 받아들이지 않지만 만행을 닦는 부문에서는 한 법도 버리지 않느니라. 만일 깨달았다는 생각마저 단번에 자르면 범부니 성인이니 하는 생각이 다하여, 참되고 항상한 본체가 드러나 진리와 현실이 둘이 아니어서 여여한 부처이니라."

"무엇이 돈오(頓悟)이며, 무엇을 점수(漸修)라 합니까?"

"자기의 성품이 부처와 똑같다는 것은 단박에 깨달았으나 비롯함이 없는 옛적부터의 습관은 단박에 제거할 수 없으므로 차츰 물리쳐서 성품에 따라 작용을 일으켜야 하니, 마치 사람이 밥을 먹을 때에 첫술에 배가 부르지 않는 것과 같다."

간화선인가 묵조선인가

나에게 "당신의 지도는 간화입니까, 묵조입니까?"라고 묻는 이들이 있다. 나의 지도법에는 애당초부터 간화니 묵조니 하는 것이 없다. 가 없는 성품 자체로 일상을 지어가라는 말이 바로 그것을 대변해주고 있다. 묵조선과 간화선이 나뉜 것은 육조 대사 이후여서 육조 대사 당시까지만 해도 묵조선이니, 간화선이니 하여 나누지 않았다. 나는 육조 대사 당시의 법을 그대로 펴고 있는 것이다.

묵조선과 간화선은 원래 종파가 아니다. 지도받는 이의 근기에 따라 지도한 방편일 뿐이다. 들뜬 생각과 분별망상에서 이끌어내기 위한 방편으로 지도한 것이 묵조선이다. 그렇게 이끌어서 깨달아 사무치면 깨달아 사무친 경지가 일상이 되게끔 다시 이끌어 주어야 하는 것이다.

달마 대사를 묵조선이라고 하는데 중국에 오기 전 달마 대사가 육파 외도(六派外道)를 조복시키는 대목을 보면 달마 대사가 묵조선이 아니라는 것이 역력히 드러난다.

다만 황제가 법문을 할 정도였던 그 시대의 교리 위주의 이론불교를 근본불교에 이르게 하기 위한 방편으로 "밖으로 반연하여 일으키는 모든 생각을 쉬고 안으로 구하는 마음마저 쉬어라."라고 가르친 것이다. 간화선도 마찬가지여서 화두라는 용광로에 일체 분별망상을 녹여 없앰으로써 밖으로 반연하여 일으키는 모든 생각을 쉬고, 안으로 구하는 마음마저 쉬게 하여 깨닫게끔 한 것이다.

즉 화두를 들어도 이런 경지에 이르러야 깨달을 수 있는 것이다. 오롯이 끊어지지 않게 화두를 들어서 오직 이러한 경지에 이르러 있다가 어떤 경계에 문득 부딪힘으로써 깨닫게 된다. 결국에는 화두인 모든 공안도리 역시 사무쳐 깨닫게 하기 위한 방편이다.

그러므로 수기설법(隨機說法)하고 응병여약(應病與藥)해야 한다. 나 역시 제자가 이러한 경지에 사무쳐 깨닫게끔 하지만, 이미 사무친 연후에는 가없는 성품 자체에 머물러 있으려고만 하지 말고, 그 경지에서 응하여 모자람 없도록 지어나가야 한다고 지도한다.

묵조나 일행삼매(一行三昧), 어느 쪽도 모든 이에게 정해 놓고 일정하게 주어서는 바른 지도가 될 수 없는 것이다. 내가 앉아서 선화할 때에는 오직 심외무물의 경지만 오롯하게끔 지으라고 지도하는 것은 어떻게 보면 묵조선이다. 그것이 가장 빨리 업을 녹이는 방법이기 때문에 그렇게 지도하는 것이다.

그러나 활동할 때는 가없는 성품 자체로 일상을 지어 가라고 지도했으니 이것은 곧 일행삼매에 이르도록 지도한 것이다. 안팎 없는 경지를 여의지 않는 것이 삼매이니, 일상생활 속에서 여의지 않는 가운데 보고 듣고, 보고 듣되 여의지 않는 그것이 일행삼매이다.

그렇다면 나는 한 사람에게 묵조선과 일행삼매를 다 가르치고 있는 것이 된다. 묵조선이라고 했지만 앉아서는 생사해탈을 위한 멸진정을 익히도록 하고, 그 외에는 다 일행삼매를 짓도록 지도하고 있는 것이어서 한편으로 멸진정을 익히는 가운데 조사선을 짓고 있는 것이다.

어떠한 약도 쓰이는 곳에 따라 좋은 약이 되기도 하고 사약이 되기도 한다. 스승이 진정 자유자재해서 제자가 머물러 있는 부분을 틔워주는 지도를 할 때 그것이 약이 되는 것이다.

그러므로 '나는 간화선만을 가르친다.' 그렇게 지도해서는 안 된다. 부처님께서도 수기설법하라 하셨다. 병을 치료해 주는 것이 약이듯 그 기틀에 맞게끔 설해 주는 것이 참 법이다.

무유정법(無有定法)이라 하지 않았는가. 그 사람의 바탕과 익힌 업력과 현재의 경지 등 모든 것을 참작해서 거기에 알맞게 베풀어 주어야 한다.

부처님의 경을 마가 설하면 마설이 되고, 마경을 부처님께서 설하시면 진리의 경전이 된다는 것도 바로 이런 데에서 하신 말씀이다.

어느 한 종에만 편승하면 안 된다. 우리는 이 속에 오종칠가(五宗七家)의 법을 다 수용해야 된다. 어느 한 법도 버릴 수 없다. 모든 근기에 알맞도록 설해 주고 이끌어 줄 수 있어야 하기 때문이다.

그래서 다만 응하여 모자람이 없이 병에 의하여 약을 줄 뿐, 정해진 법이 없어서 어느 한 법도 따로 취함이 없어야 하는 것이다.

육조 대사께 행창이 찾아와 부처님 열반경 중에서 유상(有常)과 무상(無常)을 가지고 물었을 때 행창이 무상이라 하면 육조 대사는 유상이라 하고, 행창이 유상이라 하면 육조 대사는 무상이라 했다. 왜냐하면 원래부터 무상이니 유상이니가 있을 수 없어서, 부처님께서는 다만 유상이라는 집착을 벗어나게 하기 위해 무상을 말씀하시고, 무상이라는 집착을 벗어나게 하기 위해 유상을 말씀하셨을 뿐이거늘, 행창은 열반경의 이 말씀에 묶여 있었기 때문이다.

육조 대사가 이러한 이치에 대해서 설하자 행창이 곧 깨닫고 오도송을 지어 바쳤다.

이렇게 수기설법할 때 불법이다. 수기설법하지 못하면 임제종보다 더한 것이라 해도 불법일 수 없다.

각각 사람의 근기가 다른데 어떻게 천편일률적인 방법으로 똑같이 교화할 수 있겠는가.

불교 종단은 깨달은 분에 의해 운영되어야 한다 

불교 정상의 지도자는 깨달아 일체종지를 이룬 분으로서, 어떤 이보다도 그 통달한 지혜와 덕과 복을 갖춤이 뛰어나고, 멀리 앞을 내다보는 안목을 지니고 있어야 한다. 그리고 불교 종단은 그분의 말이 법이 되어야 하고, 그분의 지시에 의해 운영되어야 한다.

당연하게 여겨져야 할 이 일이 새삼스러운 일로 여겨지는 것이야말로 크게 개탄해야 될 오늘날 불교계의 현실이다. 왜냐하면 이 일이 새삼스러워진 것만큼 부처님 당시의 법에서 그만큼 멀어졌다는 것을 의미하기 때문이다.

석가모니 부처님 생전에는 부처님 말씀 그대로가 법이었다. 그리고 부처님은 깨달음을 제1의 법으로 두셨다. 그렇기 때문에 부처님의 모든 법문을 가장 많이 알고 있는 다문제일 아난존자가 깨닫지 못했다는 이유로 부처님 열반 후, 제1차 경전 결집에 참여할 수 없었던 것이다.

이변인 법에 있어서 뿐만 아니라 사변인 승단의 행정에 있어서도 마찬가지였다. 계율을 정하고, 대중을 통솔하고, 승단을 운영하는 일까지 부처님께서 직접 지시하셨다.

모든 제자들은 부처님의 말씀을 따라 그 지시대로 한 마음, 한 뜻으로 부처님의 손발이 되었을 뿐이다. 부처님의 지시야말로 과거, 현재,

미래를 내다보는 안목의 가장 이상적인 행정이었기 때문이다.

우리나라 역시 근대에만 해도 깨달아 법력을 지닌 분이 종정을 지내셨을 때에는 그분의 말씀이 법이었고, 인가 받은 분들이 종회에 계실 때에는 그분들의 말씀을 받들어 종단의 행정이 운영되었다.

하동산 선사나 금오 선사, 효봉 선사 같은 분들이 종정이셨던 1950~60년대까지도 그러하였으니, 종정이 종단 전체의 주요 안건을 결정하는 결정권을 가지고 있었다.

종회 역시 혜암 스님, 금오 스님, 춘성 스님, 청담 스님 등 만공 선사 회상에서 인가 받은 분들이 종회에 계실 때에는 그분들의 뜻에 의거하여 종회 의원들이 승단의 일을 처리하였다.

그러므로 현재에 있어서도 만약 종회에 의해 종단이 운영되어야 한다면, 종회는 깨달아 보림한 분으로 구성되어야 한다. 그러한 종회라면 금상첨화여서 가장 훌륭한 불교 종단 운영이 될 것이다. 그러나 그것이 어려워서 깨달아 보림해서 일체종지를 통달한 분이 종정 한 분이라면, 그 한 분에 의해 모든 통솔이 이루어져야 한다. 만약 깨닫지 못한 분으로 이루어진 종회나 총무원에 의해 종단이 운영된다면, 십중팔구 그것은 진리가 아닌 세속적인 판단으로 흘러가기 때문이다.

이것은 불교 종단뿐만 아니라 한 절에 있어서도 마찬가지이다. 법이 가장 뛰어난 분으로 그 절의 운영이 이루어져야 바른 운영이 이루어진다. 그래서 선을 꽃피웠던 중국에서도 56조 석옥 청공 선사에 이르기까지 대대로 공부가 가장 많이 된 분인 조실이 주지를 겸하여 절 일을 보셨다.

조실과 주지가 다른 분이 아니었으니, 이판과 사판이 나뉘어지지 않았다.

이판을 운용하는 것이 사판이기 때문에, 이판과 사판은 본래 나뉠 수 없는 것이다. 이판에 있어서 깨달은 분이어야 하는 것처럼, 사변을 운용하고 다스리는 사판에 있어서도 다를 수 없다고 본다.

일체유심조, 마음이 세계를 빚어내듯 모든 이치를 운용하는 지혜가 있어야 사변에 있어서도 자유자재의 운영이 가능하기 때문이다.

일체 모든 진리를 설한 경전과 일체 모든 실천규범을 정한 율로 이사일치의 수행을 현실화했던 석가모니 부처님, 무위도식하거나 말로만 떠드는 수행을 경계하여 '일일부작이면 일일불식하라.'는 승가의 규율을 통해 일상 그대로인 선을 꽃피우고자 했던 백장 선사, 생생히 살아 숨쉬는 불법의 역사 어디에도 이판과 사판이 나뉘었던 적은 없었다.

불법은 이름 그대로 부처님의 법이다.

부처님 당시의 법이 오늘에 되살려져, 항상한 이치가 응하여 모자람 없는 다양한 방편으로 변주되어, 만인의 삶이 불법의 가피와 축복 속에 꽃피고 열매 맺을 수 있도록, 불교 종단의 운영은 반드시 깨달아 일체종지를 통달한 분에 의해 이루어져야 한다고 본다.

조계종을 육조정맥종이라고 이름한 이유 

불법이 석가모니 부처님으로부터 28대 달마 대사에 이르러 동토에 전해지고 다시 33조인 육조 대사에 의해 가장 활발하고 왕성한 황금 시대를 이루었다. 그래서 우리나라의 정통 불교 종단에 조계종이라는 이름이 붙여진 것이다. 육조 대사께서 생전에 조계산에 주하셨고, 대부분의 선사들의 호로 계신 곳의 지명이나 산 이름으로 쓰였기 때문이다.

그러므로 조계종의 조계란 육조 대사를 의미하고, 조계종이란 결국 육조 대사의 법을 의미하며 조계종단은 육조 대사의 법을 받아 이어가는 종단이다.

그러나 조계는 육조 대사께서 정식으로 스승에게 받은 호가 아니다. 호는 당호라고도 하는데, 대부분 스승이 제자를 인가하며 주는 것이다. 종사와 법을 거량하여 종사로부터 인가를 받고 입실건당의 전법식을 할 때에 당호와 가사, 장삼, 전법게 등을 받는다. 이때, 위에서 말하였듯 주로 그가 살고 있는 절 이름, 또는 지명, 그가 거처하던 집 등의 이름을 취하여 호로 삼는 경우가 많다. 그런데 육조 대사께서 조계산에 주하시기는 하였으나 스승인 오조 홍인 대사는 육조 대사에게 조계라는 호를 내린 적이 없다. 또 육조 대사 역시 생전에 조계라는 호를 쓴 적이 없다.

대부분의 사전에 육조 대사를 조계 대사라고도 한다고 되어 있는데, 이것은 후대인들이 지어 부른 것이다. 만약 '조계'를 육조 대사를 지칭하는 공식적인 명칭으로 쓴다면 이것은 후대인들이 선대의 대선사의 호를 지어 부르는 격이 되니 참으로 예에 맞지 않다고 할 것이다.

이러한 이유에서 조계종이라는 이름이 불교종단의 정식이름으로 적합하지 않다고 보았고, 또한 육조 대사의 법을 이어받아 바르게 펴는 곳이라는 의미를 담기에 가장 적당하여 육조정맥종이라 이름하였을 뿐, 수덕사 문중 전강 선사님의 인가를 받아 석가모니 부처님으로부터 근대의 대선지식인 경허, 만공, 전강 선사로 이어진 법맥을 이은 이로서 따로이 새로운 종단을 설립한 것이 아니다. 그렇기에 출가함에 있어서 불필요한 논쟁의 소지를 없애기 위해 육조정맥종이라고 이름한 이유와 스스로 한 번도 결제, 해제, 연두법어를 내리지 않았던 까닭이 따로 새로운 종단을 설립한 것이 아니었기 때문이라는 것을 밝히는 바이다.

물 찾은 물고기

물속의 물고기가 물을 찾았을 때 물을 찾기 전과 다르다면 그것은 물 찾은 물고기가 아니다. 물을 찾기 전과 털끝만큼도 다름이 없어야 비로소 물 찾은 물고기라 할 것이다.

사무친 후에 참으로 변한 것이 털끝만큼도 없어야 바로 사무친 것이다. 다만 사무치기 전에는 가없는 자체가 나임을 모르고 그 몸뚱이를 나로 여기고 있었고, 사무친 후에는 가없는 자체가 나임을 깨달았을 뿐 달라진 것이 있을 수 없다.

불법은

불법은 첫째도, 둘째도, 셋째도 상(相) 없음을 근본으로 한다. 또한, 밖에서 자유와 행복을 구하는 것이 아니라 본래 지닌 스스로의 지혜, 능력을 발현하여 영원한 행복을 누리자는 것이다.

꿈 

꿈도 꿈꿀 능력이 있어서 꿈꾸는 것이다. 꿈이 꿈인 줄 알면 환이 아닌 자성의 능력이라. 그래서 그대로가 화장세계이다.

공부를 힘있게 짓는다는 것

공부를 힘있게 짓는다는 것은 무언가 단단히 쥐고 짓는 것이 아니라 가장 편안한 데서 다 내려놓고 다만 끊어지지 않게끔 유지시키는 것이다. 그것이 가장 힘있고 가장 올바르게 짓는 것이다. 그렇게 지어갈 때 모든 이치가 다 밝아지고 그 안에서 모든 일이 다 이루어진다.

남의 종이 되라

나는 항상 제자들에게 가르치기를, 남의 종이 되겠다는 마음으로 살라고 한다. 남의 종이 되겠다고 마음 먹는 순간 안팎의 모든 마(魔)는 저절로 소멸된다. 아상이 없다면 사상(四相)이 있을 수 없고 사상 없는 가운데 남의 종이 되겠다는 하심과 자비심이면 어디에도 걸림이나 막힘이 없어 응하여 모자람이 없을 것이다.

신심

간절한 신심은 법을 바르게 아는 데에서 저절로 이루어진다. 깨달아 사무친 경지에 대한 확신은 최고의 신심이다. 나 자체가 그 신(信)이요, 신 자체가 바로 나 자체여서 신심명의 마지막 구절처럼 둘 아닌 신심으로 충만할 때 발심 역시 둘 아닌 가운데 한결같을 것이다.

이러한 신심과 발심은 성불지까지 이르게 하는 가장 큰 힘, 추진력이다. 깨닫지 못한 분에게 있어서는 불법에 대한 신심, 불보살님에 대한 신심, 선지식에 대한 신심, 불도를 닦는 일과 수행자들에 대한 신심이 깨달음에 이르는 힘이 된다 할 것이다.

오분향례

예불문 중 계향 · 정향 · 혜향 · 해탈향 · 해탈지견향을 오분향이라고 한다. 이 오분향을 공양하고 예를 올리는 것을 오분향례(五分香禮)라 부른다.

계향(戒香)은 마음에 그릇됨이 없는 것이다.
어떤 것이 마음에 그릇됨이 없는 것인가?
본성품을 여의지 않는 것이
곧 마음에 그릇됨이 없는 것이다.

정향(定香)은 본성품을 여의지 않아
경계에 흔들림이 없는 것이다.

혜향(慧香)은 계와 정을 갖추어서
어리석지 않은 것이다.

해탈향(解脫香)은 계와 정을 갖추어
어리석지 않아서
이러-히 모든 속박에서 벗어난 것이다.

해탈지견향(解脫知見香)은 본래 이러-해서
속박에서 벗어났다는 생각조차 없이
영위하는 것이다.

그러할 때 광명운대, 즉 온통 나 하나인 데에서 성성하고 활달한 그 자체여서 주변법계 이 광명이 삼천대천세계에 가득한 것이다

이러-한 마음으로 삼세 모든 불보살을 공경하는 마음으로 예를 할 때 참다운 예불이 되고 삼천대천세계의 모든 부처님께 공양이 된다.

상즉 

모든 불성이 근본에 있어서 하나인 양 나뉨이 없는 것을 상즉이라 한다.

안팎이 없는 체성에 사무친 사람 가운데 어떻게 가없는 이 가운데에서 내 불성, 네 불성이 있느냐고 하는 이가 있다. 이 선실에 수없는 연등불이 켜져 있는데 방 안에서 각각의 불빛을 가려낼 수는 없다. 그러나 한 등 끄면 끈 만큼, 켜면 켠 만큼 어두워지고 밝아진다. 이것이 각각의 등불빛을 가려낼 수는 없으나 제구실은 제각기 하고 있다는 증거이다. 이 방의 여러분들도 이와 같이 각각 심외무물의 경지에 사무쳐 변만해 있으나 서로간에 걸리고 장애됨이 없는 가운데 상즉해 있다.

우리의 불성은 등불과도 또 다르다. 등은 매달린 자리라도 따로 있지만 체성은 있는 자리도 따로 없이, 각각 제구실을 제각기 하되 서로 걸림 없이 자유자재하다. 이것을 일러 불가사의한 묘유(妙有)의 세계라 하는 것이다. 여러분이 이 법문을 들으면서 수용하고 생각하는 것이 각각 서로 다른 가운데, 모두 안팎 없는 경지에 사무쳐 있지 않은가. 또한 그 가운데 걸림이 없지 않은가.

마음으로 살기 운동

인류 모두에게 당면한 일을
마음이 내가 된 삶으로 극복합시다
온 누리의 영장인 인류여
마음이 나인 삶을 살아야만이
그 어떤 극한의 재난 속에서도
영원한 삶 속에 참된 행복을 누릴 수가 있습니다
인류여, 마음이 나인 삶으로 전환해야만 합니다
우리 모두 마음이 내가 된 삶을 삽시다
'마음으로 살기 운동'을 전개합시다

자경(自警)

자경이란 마음이나 행동을 스스로 경계하여 주의하는 것이다.

최고의 스승은 자기 자신에게 있다. 자경이야말로 최고의 스승이 아닐 수 없다. '과연 이 순간에 생사의 기로에 놓인다면 스스로 호흡을 거두기를 뜻대로 자재할 수 있는가' 언제나 이렇게 비추어본다면, 깨달은 이라 해도 생사대사의 일을 마치는 날까지 머무를 수 없을 것이다.

보살행

자리이타의 보살행은 특별한 분만이 할 수 있는 것이 아니다. 수행자라면 누구나 자기 분상에서 한 걸음 더 나아가 베푸는 보살행이 있어야 한다. 이것이 부처님께서 말씀하시는 대승, 최상승의 길이다. 한시도 머물지 말고 항상 움직여 써서 만인과 만물을 이롭게 하라.

희비송(喜悲頌)

이름도 없고 상도 없는 일 없는 사람이
태평의 노래를 흥에 취해 불렀더니
때도 없고 끝도 없는 구제의 일이
대천세계에 충만히 펼쳐졌네

無名無相無事人
太平之歌唱興醉
無時無端救濟事
大千世界布充滿

정신송(正信頌)

이름도 없고 상도 없는 이 바탕인 몸이여
이 바탕을 깨달은 믿음이라야 바른 믿음이라
이와 같은 믿음이 없이는 마음이 나라 말라
눈 광명이 땅에 떨어질 때 한이 만단이나 되리라

無名無相是地體
悟地之信是正信
若無是信莫心我
眼光落地恨萬端

진심송(眞心頌)

이름도 없고 상도 없는 이 진공이여
공이라는 공은 공이라 함마저도 없는 참 바탕이라
이와 같은 바탕이라야 이 공인 몸이니
이와 같은 몸이 아니면 참다운 마음이 아니니라

無名無相是眞空
空空無空是眞地
如是之地是空體
如是非體非眞心

업신송(業身頌)

업의 몸이란 것은 고통의 근본이요
업의 마음이란 것은 환란의 근본이니라
업의 행이란 것은 다툼의 근본이요
업의 일이란 것은 허망의 근본이니라

業身乃苦痛之本
業心乃患亂之本
業行乃鬪爭之本
業事乃虛妄之本

보림송(保任頌) 1

업의 몸을 다스리는 데는 계행이 최상이요
업의 마음을 다스리는 데는 인내가 최상이니라
계행과 인내로 잘 다스리면 보림이 순조롭고
보림이 잘 이루어지면 구경에 이르느니라

治業身之戒最上
治業心之忍最上
善治戒忍順保任
善成保任至究竟

보림송(保任頌) 2

육신의 욕망은 하나까지라도 모두 버려야 하고
육신을 향한 생각은 남음이 없이 버려야 하느니라
이와 같이 보림하면 업이 중한 사람일지라도
당생에 반드시 구경지를 성취하리라

肉身欲望捨都一
肉身向思捨無餘
如是保任重業人
當生必成究竟地

공성본질송(空性本質頌) 1

무극인 빈 성품의 본래 몸은
언어나 마음과 행위로 표현 못 하나
모든 부처님과 만물이 이로 좇아 생겼으며
궁극에는 일체가 돌아가 의지할 곳이니라

無極空性之本體
言語道斷滅心行
諸佛萬物從此生
窮極一切歸依處

공성본질송(空性本質頌) 2

혼연한 빈 바탕을 이름해서 무아라 하고
무아의 다른 이름이 이 무극이니라
유정 무정이 이로 좇아 생겼으며
궁극에는 일체가 돌아가 의지할 곳이니라

渾然空地名無我
無我異名是無極
有情無情從此生
窮極一切歸依處

공성본질송(空性本質頌) 3

이러-히 밝게 사무친 것을 이름해서 견성이라 하고
이 바탕에 밝게 사무쳐야 바르게 깨달은 사람이니
도를 닦는 사람은 반드시 명심해서
각자 관조하여 그릇 깨달음이 없어야 하느니라

如是明徹名見性
是地明徹正悟人
修道之人必銘心
各者觀照無非悟

명정오송(明正悟頌)

밝지도 어둡지도 않은 곳을 향해서
그윽한 본래의 바탕에 합하여야
이것을 진실한 깨달음이라 하는 것이니
그렇지 않다면 바른 깨달음이 아니니라

向不明暗處
冥合本來地
此是眞實悟
不然非正悟

무아송(無我頌)

중생들이 말하는 무아라는 것은
변하고 달라지는 나를 말하는 것이요
깨달은 사람의 무아는
변하지 않는 나를 말하는 것이다

衆生之無我
變異之言我
悟人之無我
不變之言我

태시송(太始頌)

탐착한 묘한 광명에 합한 것이 상을 이루었고
상에 집착하여 사는데서 익힌 것이 모든 업을 이루었다
업을 인해서 만반상이 생겨 나왔으며
만상으로 해서 만반법이 생겨 나왔다

貪着妙光合成相
執相生習成諸業
因業生出萬般象
萬象生出萬般法

21세기에 인류가 해야 할 일

이 사람은 1962년 26세 때부터 21세기에 인류에게 닥칠 공해문제, 에너지문제를 예견하고 대체에너지(무한원동기, 태양력, 파력, 풍력 등) 개발과 '울 안의 농법'을 연구하고 그 필요성을 많은 이들에게 이야기해 왔습니다.

당시에는 너무 시대를 앞서가는 이야기여서인지 일반인들이 수용하지 못하고 오히려 불신의 눈으로 바라보며 이 사람의 법마저 의심하였습니다. 하지만 현대에 있어서는 이것이 인류가 해결해야 할 가장 절박한 사안이 되어 있습니다.

'사막화방지 국제연대'를 설립한 것도 현재 인류가 해결해야 할 가장 절박한 지구환경문제를 이슈화시키고 그 해결책을 제시하여 재앙에 직면한 지구촌을 살리기 위해서입니다.

'사막화방지 국제연대'에서 추진하고 있는 사막화 방지, 지구 초원

화, 대체에너지 개발은 온 인류가 발 벗고 나서서 해야 할 일입니다.

첫 번째 사막화 방지에 있어서 기존에 해왔던 '나무심기 사업'은 천문학적인 예산과 많은 인력을 동원하고도 극도로 황폐한 사막화된 환경을 되살리는 데 실패하였습니다.

그래서 이 사람은 사막화 방지에 있어서는 '사막 해수로 사업'을 새로운 방안으로 제시하였습니다.

사막 해수로 사업은 사막화된 지역에 수도관을 매설하여 바닷물을 끌어들여서 염분에 강한 식물을 중심으로 자연생태계를 복원하는 사업입니다.

이것은 나무심기 사업으로 심은 나무들이 절대적으로 물이 부족하여 생존할 수 없었던 문제를 해결할 수 있는, 현재로서는 유일한 해결책입니다.

그러나 '사막화방지 국제연대'의 목적은 사막이 확장되는 것을 방지하자는 것이지 사막 전체를 완전히 없애자는 것은 아닙니다. 인체에서 심장이 모든 피를 전신의 구석구석까지 골고루 보내어 살아서 활동하게 하듯이 사막은 오히려 지구의 심장 역할을 하는 중요한 곳이기 때문입니다.

그래서 21세기에 있어서는 다만 사막의 확장을 방지할 뿐 아니라 사막을 어떻게 운용하느냐를 연구해야 합니다.

사막에 바둑판처럼 사방이 막힌 플륨관 수로를 설치하여 동, 서, 남, 북 어느 방향의 수로를 얼마만큼 채우느냐 비우느냐에 따라, 사막으로부터 사방 어느 방향으로든 거리까지 조절하여, 원하는 지역에 비를 내리게 하고 그치게 할 수 있습니다. 철저히 과학적인 데이터에 의해 이렇게 사막을 운용함으로써 21세기의 지구를 풍요로운 낙원시대로 만들어가야 합니다.

두 번째로 지구를 초원화할 수 있는 방안으로 3년간의 실험을 통해, 광활한 황무지 지역을 큰 비용을 들이거나 많은 인력을 동원하지 않고도 짧은 시간 내에 초지로 바꿀 수 있는 식물을 찾아냈습니다.

그것은 바로 '돌나물'입니다. 돌나물은 따로 종자를 심을 필요가 없이 헬리콥터나 비행기로 살포해도 생존, 번식할 수 있으며, 추위와 더위, 황폐한 땅에서도 살아남을 수 있는 생명력과 번식력이 강한 식물입니다.

지구환경을 되살리는 초지조성 사업에 있어서 이것이 큰 도움이 되리라 생각합니다.

세 번째의 대체에너지 개발에 있어서는 태양력, 파력, 풍력 등 1962년도부터 이 사람이 연구하고 얘기해왔던 방법들이 이미 많이 개발되어 실용화한 단계에 있습니다.

이 세 가지 일은 한 개인이나 한 국가가 할 수 있는 일이 아닙니다. 모든 국가가 앞장서서 전세계적인 사업으로 이루어져야 합니다. 모든 국가가 함께 하는 기금조성이 이루어져야 하고 기금조성에 참여한 국가는 이 시스템에 의한 전면적인 혜택을 입을 수 있도록 해야 합니다.

인류 모두가 지혜를 모아 이 일에 전력을 다한다면 인류는 유사 이래 가장 좋은 시절을 맞이하게 될 것이며, 만약 이 일을 남의 일인 양 외면한다면 극한의 재앙을 면할 수 없을 것입니다.

이 사람이 오래 전부터 얘기해왔던 '울 안의 농법'은 이미 미국 라스베이거스(Las Vegas)에서 30층짜리 '고층 빌딩 농장'으로 구현되었습니다. 그렇게 크게도 운영될 수 있지만 각자 자신의 집에서 이루어지는 '울 안의 농법'도 필요합니다.

21세기에 있어서 또 하나 인류가 만일의 사태를 대비해서 연구, 추진해야 될 일이 있다면 바닷속에서의 수중생활, 수중경작입니다.

지구 온난화가 심화될 경우, 공기가 너무 많이 오염될 경우, 바닷물이 높아져 살 땅이 좁아질 경우 등에 대비할 때, 인류는 우주에서의 삶보다는 바닷속에서의 삶을 준비해야 합니다. 왜냐하면 그것이 훨씬 수월하고 비용도 절감할 수 있기 때문입니다.

이렇게 깨달은 이는 이변적으로는 깨달음을 얻게 하여 영생불멸의 삶을 영위할 수 있도록 만인을 이끌어야 하며 사변적으로는 일반인이 예측할 수 없는 백 년, 천 년 앞을 내다보아 이를 미리 앞서 대비하도록 만인의 삶을 이끌어줘야 한다고 생각합니다.

불법의 뜻은 다만 진리 전수에만 있는 것이 아니니, 만인이 서로 함께 영원한 극락을 누릴 때까지 물심양면으로, 이사일여로 베풀어 교화해야 하기 때문입니다.

가슴으로 부르는 불심의 노래

여기에 실린 가사는 모두 농선 대원 선사님께서 직접 작사하신 것이다. 수행의 길로 들어서게끔 신심, 발심을 북돋아주는 가사로부터 수행의 길로 접어든 이의 구도의 몸부림이 담겨있는 가사, 대승의 원력을 발해서 교화하는 보살의 자비심과 함께 낙원세계를 누리는 풍류를 그려놓은 가사까지 한마디, 한마디가 생생하여 그 뜻이 뼛속 깊이 새겨지고 그 멋에 흠뻑 취하게 된다. 농선 대원 선사님께서는 거칠고 말초적인 요즘의 노래를 듣고 이러한 정서를 순화시키고자, 또한 수행의 마음을 진작시키고자 하는 뜻에서 이 가사들을 쓰셨다.

그래야지

1.
마음으로 물질로써
갖가지로 베푸는 것
생활화한 국민되어
이뤄내는 국가되세
그래야지 그래야지
얼씨구나 좀 더 좋다

그런 이웃 그런 나라
이뤄내서 사노라면
모든 나라 따르리니
그리되면 지상낙원
그래야지 그래야지
얼씨구나 좀 더 좋다

별중의 별 될 것이니
선조의 뜻 이룸이라
후손으로 할 일 해낸
자부심이 치솟누나
그래야지 그래야지
얼씨구나 좀 더 좋다

얼씨구야 절씨구야
좀 더 좋고 좀 더 좋다
얼씨구야 절씨구야
좀 더 좋고 좀 더 좋다

아리랑 아리랑 아라리요
아리랑 고개를 넘어간다

2.
그래야지 그래야지
혼자 삶이 아닌 세상
웬만하면 넘어가는
아량으로 살아가세
그래야지 그래야지
얼씨구나 좀 더 좋다

부딪히면 틀어져서
소통의 길 막히나니
그러므로 눈 감아줘
참는 것이 상책일세
그래야지 그래야지
얼씨구나 좀 더 좋다

걸린 생각 비워내서
한결같이 사노라면
복이되어 돌아옴을
실감할 날 있을 걸세
그래야지 그래야지
좀 더 좋고 좀 더 좋다

얼씨구야 절씨구야
좀 더 좋고 좀 더 좋다
얼씨구야 절씨구야
좀 더 좋고 좀 더 좋다

아리랑 아리랑 아라리요
아리랑 고개를 넘어간다

마음

1.
시작도 없는 마음
끝남도 없는 마음

온통으로 드러나
언제나 같이 있어

어떤 것도 가릴 수
전혀 없는 그 마음

고고하고 당당한
영원한 마음일세

아리랑 아리랑 아라리요
아리랑 고개를 넘어간다
청천 하늘에 잔별도 많고
요내 가슴에는 희망도 많다

2.
모두를 마음으로
시도를 뭐든 해봐

안되는 일 없어서
사는 데 불편없고

하고프면 하면 돼
뜻 펼치는 삶이니

즐겁고도 즐거운
누리는 삶이로세

아리랑 아리랑 아라리요
아리랑 고개를 넘어간다
청천 하늘에 잔별도 많고
요내 가슴에는 희망도 많다

사는게 아리랑 고개

1.
이 마음이 내가 되니
나고 죽음 본래 없고
이리 보고 저리 봐도
허공까지 내 몸일세
신기하고 신기하다
신기하고 신기해

이 마음이 내가 되니
안 되는 일 전혀 없어
잡된 생각 사라지고
두려움도 없어졌네
신기하고 신기하다
신기하고 신기해

이 마음이 내가 되니
끝이 없이 자유롭고
잠 못 이룬 괴로움과
공황장애 흔적 없네
신기하고 신기하다
신기하고 신기해

아리랑 아리랑
아라리요
아리랑 고개를 넘어왔다

2.
이 마음이 내가 되니
맘 먹은 일 순조롭고
살아가는 나날들이
마음광명 누림일세
신기하고 신기하다
신기하고 신기해

이 마음이 내가 되니
마음광명 누림이라
나날들이 평화롭고
자신감이 넘쳐나네
신기하고 신기하다
신기하고 신기해

이 마음이 내가 되니
대인관계 순조로와
일일마다 즐거웁고
웃음꽃이 피어나네
신기하고 신기하다
신기하고 신기해

아리랑 아리랑
아라리요
아리랑 고개를 넘어왔다

불보살의 마음

1.
자비, 그 자비는 눈물이었네
불나방이 불을 좇듯 가는 이
그래도 못 잊어서 버리지 못해
저리는 저리는 가슴, 그 가슴 안고서
눈물, 피눈물로 저리 부르네

2.
자비, 그 자비는 눈물이었네
제 살 길을 저버리는 이들을
그래도 못 잊어서 버리지 못해
저리는 저리는 가슴, 그 가슴 안고서
눈물, 피눈물로 저리 부르네

나의 노래

1.
노세 노세 봄놀이하세
대천세계 이 봄 경치
한산 습득 친구 삼아
호연지기 즐겨볼까
얼씨구나 절씨구
아니나 즐기고 무엇하리

2.
노세 노세 봄놀이하세
걸음 좇아 이른 곳곳
문수 보현 벗을 삼아
화엄광장 춤춰볼까
얼씨구나 절씨구
아니나 즐기고 무엇하리

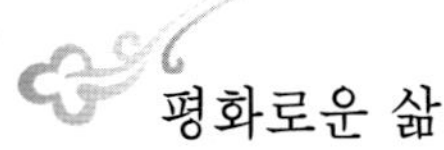

평화로운 삶

1.
이 몸을 나로 아는
하나의 실수로서
우주가 생긴 이래

얼마나 많은 고통
겪어들 왔었던가
치떨린 일이로세

뭘 해야 그 반복을
금생에 끊어버려
그 고통 벗어날까

생각코 생각하니
그 해결 내게 있네
마음이 나 된걸세

아리랑 아리랑 아라리요
아리랑 고개를 넘어간다
청천 하늘엔 잔별도 많고
이내 가슴엔 희망도 많다

2.
마음이 내가 되면
그 어떤 것이라도
더 이상 필요찮고

마음이 내가 되면
미묘한 갖은 공덕
스스로 갖춰 있고

마음이 내가 되면
그 모든 근심 걱정
씻은 듯 사라지고

마음이 내가 되면
이 생과 저 세상이
당초에 없는 걸세

아리랑 아리랑 아라리요
아리랑 고개를 넘어간다
청천 하늘엔 잔별도 많고
이내 가슴엔 희망도 많다

3.
마음이 내가 되면
어제와 내일 일을
눈 앞 일 알 듯하고

마음이 내가 되면
신분이 관계 없이
서로가 평등하며

마음이 내가 되면
모든 일 뜻을 따라
원만히 이뤄지고

마음이 내가 되면
걸림이 없는 그 삶
저절로 이뤄지네

아리랑 아리랑 아라리요
아리랑 고개를 넘어간다
청천 하늘엔 잔별도 많고
이내 가슴엔 희망도 많다

그리운 님

환갑 진갑 다 지난 삶 살다보니
석양 노을 바라보다 텅 빈 가슴
외로움에 철이 드나 생각나는
님이시여 이 몸마저 자유롭지
못한 괴롬 닥쳐서야 님의 말씀
들려오는 철없던 삶 후회하며
외쳐 찾는 님이시여 지는 해를
붙들고서 맘이 나된 삶으로써
나고 죽는 모든 고통 없는 삶을
누리라는 그 말씀이 빛이 되어
외쳐지는 님이시여 이제라도
실천 실행 하오리다 이끌어만
주옵소서 님이시여 내 님이여

잘 사는 게 불법일세

1.
잘 사는 게 불법일세
우리 모두 관음보살 지장보살 생활 속에 모시면서
마음 비운 나날들로 바른 삶을 하노라면
불보살님 가피 속에 뜻 이뤄서 꽃을 피운
그런 날이 있을 걸세

2.
잘 사는 게 불법일세
우리 모두 관음보살 지장보살 생활 속에 모시면서
마음 비워 살아가며 시시때때 잊지 않고
참나 찾아 참구하는 그 정성도 함께하면
좋은 소식 있을 걸세

3.
잘 사는 게 불법일세
우리 모두 관음보살 지장보살 생활 속에 모시면서
틈틈으로 회광반조 사색으로 참나 깨쳐
화장세계 장엄하고 얼쉬얼쉬 어울리며
영원토록 웃고 사세

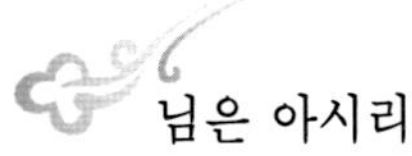

님은 아시리

1 부

1.
사계절의 풍광인들 위로되겠니
서사시의 음률인들 쉬어지겠니
뜻과 같이 되지 않아 기도에 젖은
이 마음 님은 아시리
한 세상 열정 쏟아 닦는 수행길
불보살님 출현하셔 베푼 자비에
모든 망상 모든 번뇌 없었으면 좋으련만
마음대로 안 되는 게 수행이더라, 수행이더라

2.
사계절의 풍광인들 위로되겠니
서사시의 음률인들 쉬어지겠니
뜻과 같이 되지 않아 기도에 젖은
이 마음 님은 아시리
청춘의 모든 욕망 사뤄버리고
회광반조 촌각 아낀 열정 쏟아서
이룬 선정 그 효력이 있었으면 좋으련만
마음대로 안 되는 게 보림이더라, 보림이더라

3.
사계절의 풍광인들 위로되겠니
서사시의 음률인들 쉬어지겠니
뜻과 같이 되지 않아 기도에 젖은
이 마음 님은 아시리
억겁의 모든 습성 꺾어보려고
갖은 노력 갖은 인내 온통 쏟아서
세월 잊은 보림 성취 있었으면 좋으련만
마음대로 안 되는 게 성불이더라, 성불이더라

2 부

1.
사계절의 풍광인들 비유되겠니
가릉빈가 음률인들 비교되겠니
뜻과 같이 자유자재 베풀어놓고
한없이 즐기시련만
그러한 대자유의 삶을 접고서
중생들을 구제하려 삼도에 출현
갖은 역경 어려움을 감내하는 자비로써
깨워주는 그 진리에 눈을 뜨거라, 눈을 뜨거라

2.
사계절의 풍광인들 비유되겠니
가릉빈가 음률인들 비교되겠니
뜻과 같이 자유자재 베풀어놓고
한없이 즐기시련만
억겁을 다하여도 끝이 없을 걸
알면서도 해내겠다 나선 님의 길
가시밭길 험난해도 일관하신 그 자비에
구류중생 깨달아서 정토 이루리, 정토 이루리

3.
사계절의 풍광인들 비유되겠니
가릉빈가 음률인들 비교되겠니
뜻과 같이 자유자재 베풀어놓고
한없이 즐기시련만
낙원의 모든 즐김 떨쳐버리고
삼악도를 낙원으로 이뤄놓겠다
촌각 아낀 그 열정에 모두 모두 감화되어
이 땅 위에 님의 소원 이뤄지리라, 이뤄지리라

선 승

토함산 소나무 위에
달빛도 조는데
단잠을 잊은 채
장승처럼 앉아있는
깊은 밤 선승의
그윽한 눈빛
고요마저 서지
못한 선정이라
대천도 흔적 없고
허공계도 머물 수 없는
수정 같은 광명이여,
화엄의 세계로세

우리 모두

우리 모두 만난 인생 즐겁게 살자
부딪치는 세상만사 웃으며 하자
인연으로 어우러진 세상사이니
풀어가는 삶이어야 하지 않겠니

몸종 노릇 하는 사이 맘 챙겨 살자
맑고 맑은 가을 허공 그렇게 비워
명상으로 정신세계 사무쳐보자
언젠가는 깨쳐 웃는 그날이 오리

한산 습득 껄껄 웃는 그러한 웃음
웃어가며 모든 일을 대하는 날로
활짝 펼쳐 어우러진 그러한 삶을
우리 모두 발원하며 즐겁게 살자

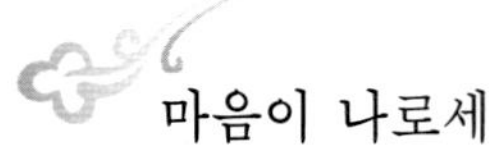

마음이 나로세

본래 마음이 나이건만
몸이 내가 된 삶이 되어
갖은 고통이 따랐다네
이리 쉽고도 쉬운 일을
어찌 등 돌린 삶으로서
고통 속에서 헤매는고

맘이 내가 된 삶으로서
갖은 고통이 없는 삶을
우리 누리고 살아보세
마음 수행을 모두 하여
나고 죽음이 없음으로
태평 세월을 누려보세

거룩한 만남

불법을 만난 건 행운 중 행운이고 내 생의 정점일세
거룩한 이 법을 만나는 사람이면 서로가 권하고 권을 하여
함께 하는 일상의 수행이 되어서 다 같이 누리는 낙원 이뤄
고통과 생사는 오간 데 없고 웃음과 평온만 넘치고 넘쳐
길이길이 끝이 없는 복락 누리세

여래의 큰 은혜 순간인들 잊으랴 수행해 크게 깨쳐
구제를 다함만 큰 은혜 갚음이니 노력과 실천 다해
우리 모두 씩씩한 낙원의 역군이 되어 봉화적인 이생의 삶으로써
최선을 다하여 부끄럼 없는 대장부로, 은혜 갚는 장부로
길이길이 끝이 없는 복락 누리세

사람다운 삶

1.
사람이 사람다운 사람이 되려면
명상으로 비우고 비워서
고요의 극치에 이르러
자신을 발견한 슬기로써
마음을 다스리는 연마 후에
그 능력으로 모두가 살아가야
평화로운 세상이 활짝 열려
모두 함께 누릴 걸세

2.
서로가 다툼 없이 서로를 아껴서
마음으로 베풀고 베푸는
사회로 이루어 간다면
낙원이 멀리만 있는 것이 아니라
살고 있는 이대로가 낙원이란 걸
모두가 실감하는
우리들의 세상이 활짝 열려
모두 함께 누릴 걸세

사는 목적

우리 모두 행복을 찾아 영원을 찾아
내면 향해 비춰보는 명상으로
앉으나 서나 일을 하나 최선을 다하세
하루의 해가 서산을 붉게 물들이고
합장 기도하여 또 다짐과 맹서의 말
뜻 이루어 이 세상의 빛이 돼서
구류를 생사 고해에서 구제하는 사람으로
영원히 영원히 살 것입니다

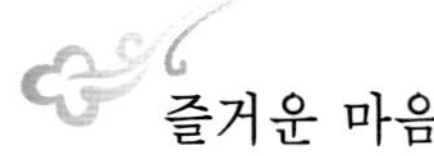

즐거운 마음

1.
우리 모두 선택받은 제자 되어
즐거운 맘 하나 되어 축하합니다
그 무엇을 이룬들 이리 좋으며
황금보석 선물인들 이만하리까
부처님의 가르침만 따르오리다
실천하리라 실천하리라

2.
부처님의 뒤 이을 걸 맹세하며
다짐으로 즐기는 맘 가득합니다
당당하게 행보하는 구세의 역군
혼신 다해 낙원 이룬 이 세계에서
함께 사는 즐거움을 생각하며
노래합니다 노래합니다

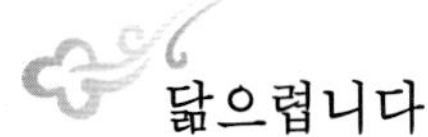

닮으렵니다

관세음보살 관세음보살
지극한 마음으로 닮으려고
오늘도 노력하며 주어진 일을 하면
하루가 훌쩍 가는 줄도 모른다오
관세음 관세음보살
님께서 베푸는 그 넓은 사랑을
이 맘 속에 기르고 길러서
실천하는 그런 장부 되어서
큰 은혜 갚을 겁니다

바른 삶 1

우리 삶을 두고서 허무하다 누가 말했나
본래 마음이 나 아닌가
그 마음 나를 삼아 살면 되지
지금도 늦지 않네 우리 모두
오늘부터 모두들 마음으로 나를 삼아
길이길이 웃고들 사세

바른 삶 2

1.
어디어디 어디라 해도
마음 찾아 바로만 살면
그곳 바로 극락이라네
세상분들 귀담아듣고
사람 몸을 가졌을 때에
모든 고비 극복해내서
참선으로 참나를 깨쳐
걸림 없는 해탈의 세상
누려보세 누려들 보세

2.
어두운 곳 태양이 뜨듯
중생계에 불타 출현해
바른 삶으로 인도하셔
복된 날을 기약케 하니
아니아니 좋고 좋은가
이 몸 주인 통쾌히 깨쳐
억겁 업을 말끔히 씻고
걸림 없는 해탈의 세상
누려보세 누려들 보세

수행과 깨침

1.
그릴 수도 없는 마음, 만질 수도 없는 마음
찾으려는 수행이라 모든 것을 다 버리고
모든 생각 비우기를 몇천 번이었던가
머리 터져 피 흘려도 멈출 수가 없는 공부
이 공부가 아니던가

2.
놓지 못해 우두커니 장승처럼 꿔꼬 하고 앉았는데
앞뒤 없어 몸마저도 공해버린 여기에서 이러-한 채
시간 간 줄 모른 채로 눈을 감고 얼마간을 지나던 중
한 때 홀연 큰 웃음에 화장계일세

걱정 말라

1.
걱정 말라 걱정을 말라 불보살님 말씀대로만 행한다면
안 풀리는 일 없다 하지 않았던가
육근으로 보시를 하며 웃고 살자 웃고들 살자
백년 미만 우리네 인생, 세상 만사 마음먹기 달렸다고
일러주시지 않았던가 걱정을 말라

2.
이리 봐도 저리를 봐도 모두모두 내 살림일세
간섭할 수 없는 내 살림 아니아니 그러한가
이리 펼치고 저리 펼쳐 육문으로 지은 복덕
베푸는 맛이 아니 좋은가 우리 사는 지구인 별 함께 가꿔
낙원으로 만들어서 살아들 보세

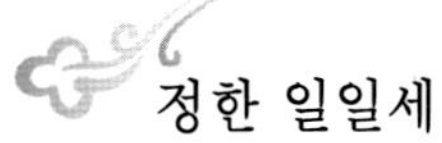

정한 일일세

우리네 삶이란 것
풀끝 이슬 아니던가
서로서로 위로하고 아끼면서
우리 모두 착한 삶이
이어져 가노라면
언젠가는 행복한
그날이 우리에게
찾아오는 것 정한 일일세
찾아오는 것 정한 일일세

여기가 낙원

참나 찾아 영원을 향해
한눈 안 팔고 노력하고
가정 위해 사회를 위해
뛰고 뛰고 혼신을 다한
나의 노력 결실이 되어
일상에서 누리는 나날
선 자리가 낙원이 되니
초목들도 어깨 춤추고
산새들도 축하를 하네

따르렵니다

1.
우리 모두 합장 공경 하옵니다
크고 작은 근심 걱정 씻어주려
우릴 찾아 오셨으니 감사합니다 고맙습니다

2.
우리 모두 손에 손을 맞잡고서
즐거웁게 노래하고 춤을 추며
우리에게 오신 님을 경하합니다 축하합니다

3.
우리들의 깊은 잠을 깨워주셔
영생불멸 낙원의 삶 누리게끔
해주시려 오신 님을 공경합니다 따르렵니다

옛 고향

고향 옛 고향이 그리워 거니는 산책에
고요한 달빛 휘영청 밝고 밤새는
그 무슨 생각에 저리 부르는 노래인데
숲 타고 온 석종소리에 열리는 옛 내 고향
그리도 캄캄하던 생각들은 흔적도 없고
고요한 마음 옛 고향 털끝만큼도
가리운 것이란 없었는데
어찌해 그 무엇에 어두웠던고 고향길 옛 내 고향
나는 따르리라 끝없는 일이라 하여도
님 하신 구제 고난과 역경
그 어떤 어려움 닥쳐도
님 하시는 일이라면 멈추는 일 없을 것일세
이것만이 보은이라네 보은이라네

지장보살

지장보살 두 눈의 흐르는 눈물
마르실 날 언제일까 생각하고 또 생각해도
이 세상의 사람들이 멀어지게만 하고 있네요
보살님 어찌해야 하오리까
반야의 실천으로 최선 다해 돕는다면
안 되는 일 있으리까
대원본존 지장보살 나무 지장보살
얼씨구나 절씨구나 한 판 놀음 덩실덩실 살아들 보세

곰탱이

곰탱이 곰탱이 미련 곰탱이
세상 사람 요구 따라 다 들어준
사람더러 곰탱이라네
요구 따라 따지지 않고
들어주기 바쁜 이를 놀려대며 하는 말
곰탱이 곰탱이 미련 곰탱아
그리 살다간 끝내는 빌어먹을 쪽박마저
없겠구나 미련 곰탱아
그래도 덩실덩실 추는 춤을
보며 깔깔 웃는 사람들아
웃는 자신 모르니 서글퍼 내 하는 말
한 판의 꿈속이라 천금만금 쓸데없네
깔깔 웃는 그 실체를 자신 삼아 사는 삶이 되길
바라고 바라는 곰탱이 춤이로세

나는 바보

나는 바보다 나는 바보야
역지사지 알다보니 바보가 되었네
그렇지만 내 주위는 언제나 웃음이 있고
나눔이 있어 행복하다네
나는 나는 그런 바보야
나는 나는 그런 바보야

즐겁게 살자

나를 찾아 행복을 찾아
내면 향한 명상으로 비춰보며
오늘도 최선을 다한 하루해가 져가네
노을빛 곱게 물이 들고 내 꿈도 이뤄져간다
생각만 하여도 보람찬 미소를 짓는다
세상만사 별것이더냐
서로서로 도와가며 살면서
틈틈이 내면 향한 명상으로
몸 건강 마음 건강 챙기며 사노라면
참나 깨친 박장대소도 짓고
세상 고별 마음대로 하는 날도 있을 걸세
그런 날을 기대하며 일하고 명상하며
하루하루 즐겁게 살자

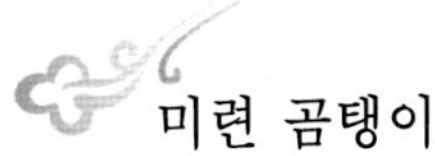

미련 곰탱이

나는 나를 모르는 곰탱이 곰탱이 미련 곰탱이
나라는 나를 보고 듣는 그거라고 보여주듯 일러줌에
동문서답 일관하는 곰탱이 곰탱이 미련 곰탱이
그러므로 성현들의 천하태평 무릉도원 못 누리고
고생고생 살아가는 곰탱이 곰탱이 미련 곰탱이
그런 삶을 면하려면 나라는 나를 깨달아라
자상하게 이끈 말씀 이행 못한 곰탱이 곰탱이 미련 곰탱이
귀천 없이 이끌어서 선 자리가 안양낙원 되게 하신
말씀을 이행 못한 곰탱이 곰탱이 미련 곰탱이
궁전 낙을 저버리시고 고행 수도 다하셔서
나란 나를 깨침으로 영생의 낙원으로 이끄셨네
이 기회를 놓친다면 다시 만나기 어려웁고 어려우니
칠야삼경 봉화 같은 그 지혜의 광명 받아
각자 것이 되게 하란 그 말씀을
실행 못한 곰탱이 곰탱이 미련 곰탱이
그 지혜의 이끔 받아 각자 경지 이러-히 되는 날엔
백사 만사 무엇이든 뜻대로 이뤄진다 권한 말씀
실행 못한 곰탱이 곰탱이 미련 곰탱이
눈앞의 그 작은 것 쫓다가 영원한 삶의 낙 놓치지 않으려면
나란 나를 꼭 깨달으란 귀한 말씀
실행 못한 곰탱이 곰탱이 미련 곰탱이
금구 성언 귀담아듣지 않고 흘려듣다간
백 년도 못 채운 후회막심 삶 되리니
새겨듣고 새겨들어 실천하란 그 말씀
실행 못한 곰탱이 곰탱이 미련 곰탱이
실천하여 깨닫고 박장대소 하는 날엔
삼세 성현 모두모두와 곰탱이 곰탱이가
누리 안은 광명 놓네 누리 안은 광명 놓아 삼창을 할 거라네

부처님의 말씀

부처님 말씀은 하나하나 자비더라
그러기에 불자들은 온화하고 선하더라
부처님 가르치는 이치는 흐르는 물이고
서늘한 산바람이며 봄꽃 향기요
심금을 울리는 연주요 노래요
포근한 어머니의 사랑이더라
바다처럼 넓고 넓은 자비의 품이더라
포근하고 온화한 그 가르침 하나하나
이치에 어긋남이 없으신 진실이더라
모두모두 다 함께 우리 모두 닮자구요
모두모두 다 함께 우리 모두 닮자구요
모두모두 다 함께 우리 모두 닮자구요
어쩌다 어쩌다 이런 가르침을 만났는지
이 다행 이 요행 헛되이 하지 않아
이 생에 깨달아서 이 크고 큰 은혜
갚는 일에 소홀하지 않으리라
감사합니다 감사합니다 우리 부처님
당신의 후예들마저도 유일하게
전쟁 같은 일들은 일으키지 않습니다
사랑하라 하면서 용서하라 하면서
사람이 사람을 죽이는 일
파리 목숨 취급하듯 하는 일이
있어서야 되겠습니까
혹시라도 이런 일이 종교에 있어서는
절대로 안 되는 일이라 믿습니다
관세음보살 나무아미타불
우리 모두 서로가 서로를 아끼고
사랑합시다 사랑합시다 사랑합시다

행복이란

즐거웁게 즐겁게
살아가면 좋잖아
한 번뿐인 인생인데
모두 활짝 웃어요
신이 나게 웃어요
행복이란 돈과 직위에
있는 것 아니라네
행복이란 그 어떤 마음으로
사느냐에 있다네
다 같이 다 같이 웃어들 봐요
그 웃음 타고 행복이 오네
짧은 인생살이 이렇게
만들어가며 살아들 보세

화엄의 세계

1.
각자 마음 깨닫고 봐요
누리 그 모두가 장엄이네 장엄, 빛의 장엄
어느 하나 마음의 장엄 아닌 게 없네, 없어
다함 없고 끝이 없는 보고 듣는 마음 하나 바로 쓰면
이대로가 무릉도원 화엄의 세계로세

2.
보고 듣고 느끼고 생각하는
그 모든 것 장엄이네 장엄, 빛의 장엄
어느 하나 빛의 장엄 아닌 게 없네, 없어
다함 없고 끝이 없는 보고 듣는 마음 하나 바로 쓰면
이대로가 화장세계 장엄의 세계로세

두고두고 할 일

아미타불 사유를 깊이깊이 하여서
하늘땅 생긴 이래 오늘에 이르도록
크나큰 은산철벽 너머 일처럼
까마득히 모르던 나를 깨달았으나
모양 빛깔 없어서 쥐어줄 수도
보여줄 수도 없는 일이라서
입은 옷 뒤집어 보이듯 못하니 한이구나
그러나 보고 듣고 하는 바로 그것이니
마음눈을 활짝 열어 듣는 그곳 향해 살펴봐요, 살펴봐
하늘땅이 간 곳 없고 자신까지 사라진 데서
듣고 아는 그것 내가 아니던가
깊이깊이 참구해서 참나 찾아 결정신을 내리게나
다생겁의 윤회 중에 몸종 노릇 허사란 걸 경험하지 않았던가
그 깨달음에 비추어 세상 일에 응해가며
보림수행하는 일에 방심하지 않아서
구경각을 성취 후에 모든 류를 구제해서
큰 불은 갚음만이 두고두고 할 일일세, 두고두고 할 일일세

서로서로 나누면서

버들 푸르고 꽃 만발하고 나비 춤이더니
녹음이 우거지고 매미들의 노래 가득한 천지
울긋불긋 고운 단풍 어제인 듯한데 눈이 오네
우리 모두의 삶 저러하고 저렇지 않던가
보기도 아까웁고 소중한 형제 자매들이니
서로서로 나누면서 짧은 우리네 삶을 즐김으로 살아가세

좀도 좋다

듣는 나를 알지 못해 생활하는 그 가운데
알고파서 명상한데 어허 참말 이럴수가
창피하고 창피하다 창피하고 창피해

듣는 그 곳 살펴보면 허공처럼 텅텅비어
어찌해야 옳을지를 어허 참말 이럴수가
창피하고 창피하다 창피하고 창피해

허공처럼 비었으나 그게 듣고 대답하니
그게 바로 내 아닐까 어허 참말 이럴수가
창피하고 창피하다 창피하고 창피해

그러다가 깨달으니 나고 죽음 본래없는
온통 온통 나로구나 얼씨구야 절씨구야
좀도 좋고 좀도 좋다 좀도 좋고 좀도 좋아

맘이 나 된 삶을 사니 낙원 따로 없는 것을
멍청하게 살았구려 얼씨구야 저절씨구
좀도 좋고 좀도 좋다 좀도 좋고 좀도 좋아

꿈의 세계 창조했던 그 능력은 오직 하나
맘이 나된 때문일세 얼씨구야 저절씨구
좀도 좋고 좀도 좋다 좀도 좋고 좀도 좋아

이 마음이 내가 되니 천리 만리 시차없고
아니된 일 전혀 없네 얼씨구야 저절씨구
좀도 좋고 좀도 좋다 좀도 좋고 좀도 좋아

낙원의 삶 이 아닌가 영원의 삶 이 아닌가
맘이 나 된 삶을 사세 얼씨구야 저절씨구
좀도 좋고 좀도 좋다 좀도 좋고 좀도 좋아

그 말씀

1.
님들의 고구정녕 그 말씀 맘에 새기세
그러면 오는 날엔 행복을 누리며
이웃들을 도우며 살리
개미처럼 개미처럼 개미처럼
개미처럼 개미처럼 개미처럼
개미처럼 개미처럼 개미처럼
이것저것 논하려 하지 말고 서로가
서로를 도와 세상을 이끄는 데 노력하면
이 세상의 그 어떠한 일일지라도
못 이룰 일 없을 것일세
꿀벌처럼 꿀벌처럼 꿀벌처럼
꿀벌처럼 꿀벌처럼 꿀벌처럼
꿀벌처럼 꿀벌처럼 꿀벌처럼

2.
님들의 가르침을 실행한 덕으로써
마음에 갖추어진 갖가지 능력을
부려 써서 누리는 삶을
개미처럼 개미처럼 개미처럼
꿀벌처럼 꿀벌처럼 꿀벌처럼
더불어 함께하면 별유천지 눈앞에 일이로세
이 모든 것이 참고 참아 극복해 이겨냈던
그 공덕의 결실이로세 그 공덕의 결실이로세
구름위의 백학처럼 구름위의 백학처럼 구름위의 백학처럼
함께누려 살아가세 함께누려 살아가세 함께누려 살아가세

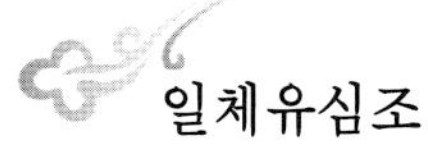

일체유심조

듣는 나를 내가 보니 바탕 없는 그 몸에
갖은 묘용 지녀 있어 오고 감은 물론이요
일체 모두 지어내고 그걸 또한 응용하여
자유자재 그 능력 못하는 것 하나 없네
온 누리에 펼쳐놓고 어울려 누려사세
이리 좋은 자기능력 전혀 몰라 헤매이는
세상 사람 갖은 고통 몸종 노릇 결과이니
마음 나된 삶으로써 억겁 굴레 벗어나서
맘이 지닌 능력회복 한시 빨리 이루어서
영원한 본래 삶을 같이 누려 살아 가세
(아리랑후렴)

함께 이뤄 누립시다 함께 이뤄 누립시다
어화둥둥 좋고 좋아 얼씨구나 좋고 좋다
이 마음이 내가 된 삶 이렇게도 상상밖에
달라질 수 있을까 너무나도 달라져서
내자신이 놀라웁고 놀라워서 뭐라못해
조용하고 차분함 속 이 즐거움 말로 못해
온 누리를 선 자리서 볼 수 있는 능력이여
과거일을 알 수 있고 미래일을 예감하는
지혜능력 갖춰있어 실수란 것 없는 삶
꿈 세계도 창조하는 모두 지닌 능력이니
뜻 있으면 가능하니 이 아니 전능한가
(아리랑 후렴)

전능으로 베풀어서 모두 함께 즐겨가며
후세들을 깨우는 낙 함께 하는 삶이니
이 아니들 좀도 좋고 얼씨구나 좋고 좋다
이 능력과 이 힘이면 온 세상을 바꿔 놓는
그 어떠한 일이라도 어려울게 뭐 있으리
뜻 있으면 길이 있고 길 있으면 하면 되는
이리 좋은 그 방법이 맘이 나된 그거로세
이리 좋은 길을 두고 안할 사람 뉘 있으리
이 일만이 길이길이 행복누릴 길이로세
넓고 넓은 누리 정원 펼쳐 놓고 모두 함께
손에 손을 서로잡고 함께 누린 삶으로써
일상이 된 이런 삶이 맘이 나 된 결과로세
이런 일을 아니하고 그 무엇을 할것인가
모두 모두 맘이 나된 그 일 실천 꼭 하여서
태평세월 함께 누린 그런 삶을 누려보세
얼씨구나 좀도 좋고 절씨구나 좋고 좋다
(아리랑 후렴)

내 마음 내가 된 삶

1.
내 마음 내가 된 삶 모두들 살아봐요
신기하고 신기하다 신기하고 신기해(2번 반복)

내 마음 내가 되니 영원한 삶이로세
신기하고 신기하다 신기하고 신기해(2번 반복)

내 마음 내가 되니 안되는 일 없구나
신기하고 신기하다 신기하고 신기해(2번 반복)

아리랑 아리랑 아라리요 아리랑 고개로 넘어간다

2.
꿈 세계도 창조한데 무엇인들 안될건가
신기하고 신기하다 신기하고 신기해(2번 반복)

원근거리 상관없이 동시에 이르르니
신기하고 신기하다 신기하고 신기해(2번 반복)

산하석벽 걸림 없이 자유로이 오고가니
신기하고 신기하다 신기하고 신기해(2번 반복)

아리랑 아리랑 아라리요 아리랑 고개로 넘어간다

3.
상대방의 마음도 읽어낼 수 있으니
신기하고 신기하다 신기하고 신기해(2번 반복)

과거 현재 미래 일을 앞 일처럼 아는 능력
신기하고 신기하다 신기하고 신기해(2번 반복)

내 마음 내가 되면 이런 자유 누려사니
신기하고 신기하다 신기하고 신기해(2번 반복)

아리랑 아리랑 아라리요 아리랑 고개로 넘어간다

4.
온 누리의 모든 사람 이 행복을 누립시다
신기하고 신기하다 신기하고 신기해(2번 반복)

가족처럼 어우러져 모두 모두 누린 일상
신기하고 신기하다 신기하고 신기해(2번 반복)

이게 바로 낙원의 삶 누림이니 좋고 좋다
신기하고 신기하다 신기하고 신기해(2번 반복)

아리랑 아리랑 아라리요 아리랑 고개로 넘어간다

웃고 살자

1.
아하하하 우습다 아하하하 우스워 아하하하 우습다
제 그림자 모르고 저라 하는 사람 보고 아니 웃고 울랴
아하하하 우습다 아하하하 우스워 아하하하 우습다
여섯 도적 종노릇에 헌신하는 사람 보고 아니 웃고 울랴
아하하하 우습다 아하하하 우스워
저승세계 코앞인데 대비 없는 사람 보고 아니 웃고 울랴
아하하하 우습다 아하하하 우스워 아하하하 우습다
참나 찾지 아니하고 허송하는 사람 보고 아니 웃고 울랴
아하하하 우습다 아하하하 우스워 아하하하 우습다
아리랑 아리랑 아라리요
아리랑 고개를 넘어간다
나를 버리고 가시는 님은
십 리도 못 가서 되돌아온다

2.
좋은 인연 있었던가 거룩한 이 만나서 참나 찾은 이 행운이
즐겁고도 즐겁다 즐겁고도 즐거워 아하하하 즐겁다
이 행운을 나 혼자서 누리기에 아쉬워 인도하려 나섰는데
아라리요 아리랑 아라리가 났네
영원한 나 찾음으로 한순간에 성취한 낙원의 삶 권하나니
아하하하 우습다 아하하하 우스워 아하하하 우습다
즐겁고도 즐겁다 즐겁고도 즐거워 아하하하 즐겁다
우리 모두 다 함께 얼싸안고 누리는 그런 세상 노력하세
아리랑 아리랑 아라리요
아리랑 고개를 넘어간다
나를 버리고 가시는 님은
이내 가슴엔 희망도 많다

청천 하늘엔 잔별도 많고
이내 가슴엔 희망도 많다

사람 사는 이치

이 세상 사람들 사는 것
농부들 농사를 짓는 것과
조금도 다를 바 없는 이치이니
여러분 귀 기울여 들어보시오
얼씨구나 좋네 지화자 좋네 아니아니 그러한가

봄이 되면 깊이깊이 간직해 둔 씨곡식을
꺼내다 땅을 파고 다듬어서 골을 파고 뿌린 후에
오뉴월 찜더위에 구슬땀을 흘리면서
김을 매어 가꾸는 것은 엄동설한 추운 날에
사랑하는 부모님과 아내 자식들 모두
잘 지내게 하려는 깊은 뜻에서라네
얼씨구나 좋네 지화자 좋네 아니아니 그러한가

어떤 이가 말을 하기를 늘 현재만을 즐겁게 살자
강변함을 보았는데 좋은 말이기는 하지만
그 말은 자칫하면 희망이 없는 잘못된 말이라네
그러므로 내일을 위하여 오늘의 어려움을 즐기면서
밝게밝게 살아갑시다
얼씨구나 좋네 지화자 좋네 아니아니 그러한가

불법 공부

1.
이 세상 사는 분들께 권하오니 나를 찾는
이뭐꼬 화두 공부를 곰곰이 챙기고 챙겨
쉬지 않고 하다보면 하늘땅도 흔적 없이
사라지고 몸 없는 내가 환한 웃음 짓는 날이
있을테니 결정신을 내리어서 우리 함께
길이길이 누립시다

2.
불법 만난 이 다행을 그 무엇과 비교하랴
이 다행을 만났을 때 최선 다한 실행으로
금생에서 크게 깨쳐 불보살님 칭찬 받는
오후보림 필히 마쳐 중생 다한 그때까지
님의 은혜 갚을 것을 굳은 의지 맹서로써
다짐하고 다짐하세

3.
때가 없고 장소 없이 뜻을 따라 이뤄지는
이리 좋은 세상살이 본래부터 갖춰짐을
누리는 삶 우리 모두 일심동체 그리 되어
이 생 저 생 할 것 없이 얼씨구나 절씨구나
노래하고 춤도 추며 천생만생 누립시다
길이길이 누립시다

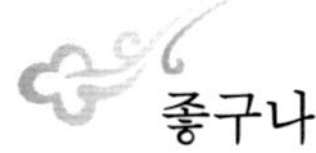

좋구나

좋구나
이곳이 어때서
낙원에 장소가 있나요

마음이 착하면
선 곳이 무릉도원
이런 삶이 참 삶이라네

미소를 지으며
손에 손을 잡고서
태평가를 모두들 불러요

우리들 이렇게
서로 만나 사는 것
백겁천생 인연이라네

세월아 맞춰라
내 즐기고 즐기며
함께하는 이들에게 위로를 하려네

불법

불법은 내게 있어 첫째도 둘째에도
내 삶의 이유이고 내 삶의 온통이며
마음의 광채이고 마음의 자비이며
자비의 실천이고 자비의 일상이며
희망의 꽃밭이고 희망의 피안이며
서원의 동력이고 서원의 자산이며
모두의 태평이고 모두의 영원일세

영원한 행복 찾기

1.
사람 사람마다
지닌 그 마음이
내가 된 삶으로
살아 가노라면
자연 알게 되네

둥글고 둥글게
모남없이 살자(3번 반복)

마음 먹은대로
하고 싶은대로
척척 이뤄지고
꿈을 창조하던
능력 부린 날도
멀지 않으리니

둥글고 둥글게
모남없이 살자(3번 반복)

노력 실천 다해
영원한 삶으로
영원한 행복을
함께 누려보세
함께 누려보세

둥글고 둥글게
모남없이 살자(3번 반복)

2.
사람 사람마다
맘을 깨달아서
맘이 내가 되면
평등 그 자체라
자연인이 되어

둥글고 둥글게
모남없이 살자(3번 반복)

서로 어울려서
나눈 인간미들
행복 그 자체며
오간 말들마다
온화한 그 체취

둥글고 둥글게
모남없이 살자(3번 반복)

차별없는 베풂
풍족한 맘이고
가족같은 일상
낙원의 이 삶을
함께 누려보세
함께 누려보세

둥글고 둥글게
모남없이 살자(3번 반복)

치유의 노래

1.
이 세상에 사는이여 맘이 나된
명상 한 번 해보기를 권하노니 생활하는
틈틈으로 실행하다 보노라면 산란한 맘 사라지고
대상없는 미소 속에 우울증과 신경성은 흔적없이 사라지니
내 내면의 무릉도원 누려 살게 될 것일세

2.
요즈음의 우울증과 신경성에 시달리는 모든 분들
사방에서 들려오는 모든 소릴 듣는 그 곳 비춰봐요
쉬운 일은 아니지만 포기 않고 실행하면 밖이 없는
고요롬의 그 세계서 체험하는 신천지의 행복누림
모두 함께 가져봐요

국민성

고마우신 우리국민
코로나를 이겨낸 지혜로써
그 어떤 그 어떤 어려움도
서로 돕는 격려와 인내 다해
이겨 낼거다 이겨 낼거다

조상에서 조상으로
이어져온 국민의 지혜로써
그 어떤 그 어떤 어려움도
힘을 모아 해내는 인내 다해
이겨 낼거다 이겨 낼거다

내 말 좀 들어봐요

모두모두 내 말 좀 들어봐요
이 몸이 내가 아니라 이 마음이 나 아닌가
살아가는 생활 속에 명상을 하여
이 맘 찾아 나를 삼아 살아들 봐요
모든 속박 모든 괴롬 벗어나는 아주 좋은 일이니
이제라도 안 늦으니 명상으로 뜻 이루어
영원한 생명, 영원한 행복 우리 모두 누려들 보세

사막화를 막고 사막 경영 시대를 열자
사막화로 급속히 변해가는 이 지구를
방치해선 아니 되네 방치하면
지구가 생긴 이래 최악의 상태 됨은
불을 보듯 뻔한 일일세, 하지만

육십 억의 온 인류가 한 마음 한 뜻 되어
황무지는 돌나물로 푸른 초원 만들고
확장되는 사막화를 배수관의 바닷물로 막는다면
지구가 생긴 이래 가장 살기 좋은 시대를
인류는 맞을 걸세

아리랑 아리랑 아라리요
아리랑 고개를 넘어간다
청천 하늘엔 잔별도 많고
이내 가슴엔 희망도 많다

효

1.
아들 딸이 귀엽고 사랑스런 그 속에 우리들의 부모님
어려움에도 끝내 가르치고 기른 정 이제 읽으며
늦은 눈물로써 불초를 뉘우치며 맹세하고 다짐하는
아들 딸이 여기 있으니, 건강히 오래만 사시기를
손 모아 손을 모아 간절하게 바라고 또 바라는
기도를 하옵니다 부모님 입이 귀에 걸리시게 할 겁니다

2.
어렵고도 어려운 보릿고개 그 속에 우리들을 먹이고
가르치느라 정말 그 얼마나 고생이 되셨습니까
허리 두 끈으로 졸라맨 아픔으로 사셨죠
정말정말 오래도록 건강하게만 계셔주신다면
아들 딸을 낳으시고 길러주신 그 노고에 크게 보답할 겁니다
아버님 어머님의 입이 귀에 걸리시게 할 겁니다

국민의 의지

뚫어라 뚫어 뚫어라 뚫어
그 어떤 난관의 벽이라도
뚫어라 뚫어 뚫어라 뚫어
그 어떤 문제의 벽이라도
뚫어라 뚫어 뚫어라 뚫어
나에겐 의지의 힘이 있다
뚫어라 뚫어 뚫어라 뚫어
중도의 하차는 없다 없어
뚫어라 뚫어 뚫어라 뚫어
성공이 존재할 뿐이로세
모두다 이루어 낼 것일세

사막은 지구의 심장

21세기는 사막 경영 시대를 열어
연구에 노력을 다한다면
지상 낙원이 인류에게 달려와서 맞을 걸세

육십 억의 온 인류가 손에 손잡고 한 뜻 되어
사랑하는 마음으로 역경을 헤쳐 나가
사막화를 막고 황무지를 초원으로
살기 좋은 지구촌을 이뤄보세
살기 좋은 지구촌을 이뤄보세

아리랑 아리랑 아라리요
아리랑 고개를 넘어간다
청천 하늘엔 잔별도 많고
이내 가슴엔 희망도 많다

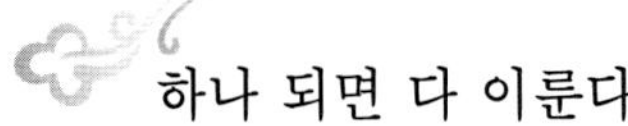

하나 되면 다 이룬다

1.
살자 살자 우리 함께 살자 살자 우리 뭉쳐
뭉친 힘이 발휘하면 못할 일이 없는거다
그 결과로 꽃이 피면 막힌 것은 없어지고
서로 나눈 나라되어 지상낙원 되는걸세

2.
살자 살자 세계 향해 살자 살자 인류위해
모두 함께 크게 뭉쳐 하나 되는 지구촌을
우리 함께 이루어서 다툼없는 삶으로써
얼싸 안고 함께 누린 지상 낙원 이뤄내세

잘 사는 비결

참지 못한 결과는 어려움이 닥치고
참고 참는 결과는 좋은 일이 온다네
친구들아 모든 일 힘을 합쳐 맞으면
못 이룰 일 없지만
니 떡 너 먹고 내 떡 나 먹는 그럼 마음 쓴다면
될 일도 아니 된다네
우리 서로 뜻을 합쳐 모두모두 잘 살아보세
이미 이룬 과학문명 선용을 해서 용맹심을 내어
모든 일에 임한다면 행복이 줄을 서서 올 걸세
아리랑 아리랑 아라리요 아리랑 고개를 넘어간다
청천 하늘엔 잔별도 많고 이내 가슴엔 희망도 많다

용서한 결과로는 웃는 날을 맞이하고
베푼 뒤엔 참 좋은 이웃들이 생기네
친구들아 서로들 힘을 합쳐 임하면
못할 일이 없지만
니 떡 너 먹고 내 떡 나 먹는 그런 마음 쓴다면
될 일도 아니 된다네
오늘부터 뜻을 합쳐 우리 한번 잘 살아보세
이미 이룬 과학문명 선용을 해서 용맹심을 내어
모든 일에 임한다면 행복이 줄을 서서 올 걸세
아리랑 아리랑 아라리요 아리랑 고개를 넘어간다
청천 하늘엔 잔별도 많고 이내 가슴엔 희망도 많다

만들자

1.
빌딩숲의 실외기 열 오고가는 차 배기가스
사람소리 기계소리를 원림 속의 새소리와
개울소리 미풍소리 그것으로 만들자 만들자 만들자

2.
이익 따져 주고받는 설왕설래 어지러움
높고 낮은 금속음들을 매미소리 물소리와
노래하는 환경으로 우리 함께 만들자 만들자 만들자

3.
하늘 맑고 별이 빛난 조용하고 시상 뜨는
그런 환경 거닐면서 손에 손을 마주 잡고
노래하는 세상으로 우리 함께 만들자 만들자 만들자

서원가

1.
참나를 깨달아서 보림을 하고
다가올 내 앞날의 서원이라네
기어코 육바라밀 성취를 하여
불보살님 큰 은혜에 보답하면서
영원히 구제의 길 나는 가리라

2.
보살의 가는 길이 험난타 해도
맹세코 초지일관 서원이라네
구류를 그릇 따라 깨닫게 하여
스승님의 큰 은혜에 보답하면서
영원히 구제의 길 나는 가리라

정직하고 착한마음

1.
정직하고 착한마음 우리모두 실천하면
먼저 가정 화평하고 웃음 꽃에 향내나며
이웃간에 믿음 깊어 서로 소통 이뤄져서
나라위한 일이라면 솔선수범 모두하고
서로 믿는 사회여서 안되는 일 없을걸세
서로 믿고 웃는 사회 우리 모두 힘 모아서
낙원 나라 이뤄내어 세계 이끈 나라 되세

2.
정직하고 착한 행동 우리 모두 실천하면
믿는 마음 두터워져 서로서로 돕게 되고
그리되면 힘 모아서 일일마다 쉬 이뤄져
앞서가는 나라되고 대접받는 국민되어
곳곳에서 우러르는 그런 국민 될 것일세
서로 믿고 웃는 사회 우리 모두 힘 모아서
낙원 나라 이뤄내어 세계 이끈 나라되세

3.
이런 마음 이런 행이 우리 조상 바탕이니
우리 국민 이뤄내어 봉화적인 나라로써
지구촌을 낙원으로 이뤄내는 나라되어
가는 곳곳 우러르는 그런 국민 그런 나라
그런 조상 그런 사상 꽃 피우는 국민 되세
서로 믿고 웃는 사회 우리 모두 힘 모아서
낙원 나라 이뤄내어 세계 이끈 나라 되세

이때 우리는

1.
화산의 폭발로 해서 사람들과 모든 것이 용암펄로 화해버린
이 막막한 우리들을 올바르게 영원으로 끌어주실
성인 중의 성인이신 불보살님 나라에 가 나는 게 꿈이네

2.
태풍이 인가를 덮쳐 다정했던 이웃들은 간 곳 없고
어지러운 벌판 되어 처참하고 참담하기 그지없는 무상한
이 현실에 의지할 분, 생명 밝혀 영원케 한 부처님 뿐이네

3.
지진이 우리의 삶을 삼켜버려 초토화가 되어버린
허망하기 그지없는 우리들의 현실에선 사방천지 둘러봐도
의지해야 할 분은 자신 깨쳐 누리라 한 부처님 뿐이네

발심가

1.
우리네 한세상 보람찬 삶으로
바꾸기 위하여 닦아들 봅시다
청춘 홍안이 얼마나 길던가
꿈꾸는 사이에 백발이 된다네

2.
참나를 깨달아 보림을 하고요
자비심 발하여 구제길 나서서
중생들 세계에 고통을 없애서
극락이 되도록 최선을 다하세

3.
본연한 몸의 능력을 베풀어
극락세계 장엄을 하고요
둥실 두둥실 누리기 위하여
오늘의 어려움 극복을 해내세

4.
눈 깜박 하는 새 한세상 다 가고
부귀와 공명은 잠시의 꿈이라
이러한 되풀이 금생에 끝내어
윤회의 사슬에서 벗어나 납시다

석가모니불

1.
석가모니불, 거룩한 석가모니불
하늘 땅에 유일한 님이기에 우러러
간절하게 기도하면 내 소원 이루어지지요
탐욕을 보시로 다스려서 행하고
진심을 인욕으로 실천하면
우리 바라는 그 세상 활짝 열리네
불법의 진리 깨달으면
함없는 함으로 님의 은혜 갚으리
석가모니불 우리 부처님

2.
석가모니불, 거룩한 석가모니불
하늘 땅에 유일한 님이기에 우러러
가르침을 따른다면 언제나 행복하지요
선법을 깨달아 생활화를 함으로써
이 세상 이대로를 낙원으로
님이 바라신 그 소원 꽃을 피우리
불법의 진리 깨달으면
함없는 함으로 님의 은혜 갚으리
석가모니불 우리 부처님

우란분재일

1.
우란분재 맞이해서 대자대비 부처님을
이 자리에 청해 모셔 다생부모 왕생극락
정성 다한 맘입니다 지혜 짧아 못 미쳐서
중한 은혜 입고서도 보은보답 못하고서
이생까지 이른 것을 머리 숙여 부처님께
참회합니다 참회합니다

2.
정성 어린 마음으로 이고득락 비옵나니
세상애착 모두 끊고 부처님의 그 세상에
나시기만 원합니다 다생겁에 경험하신
부질없는 몸 종노릇 그 허망을 떨침만이
윤회고를 벗어나는 길이오니 그리되길
비옵나이다 비옵나이다

보살의 마음

1.
파도에 실려 떠가는 낙엽같이 살아가는 인생
구원코자 따라주며 같이 하는 자비인데
제 안경에 보인 대로 말들 하지만
못 들은 척 모르는 척 최선 다하리
바른 눈, 바른 맘 통쾌히 열어라
아 그날이 그날이 오기만을 기다리는 마음

2.
파도에 실려 떠가는 낙엽같이 살아가는 인생
구원코자 따라주며 같이 하는 자비인데
눈이 멀고 귀가 먹은 저들이지만
황소처럼 지장처럼 최선 다하리
지혜 눈, 지혜 맘 통쾌히 열어라
아 그날이 그날이 오기만을 기다리는 마음

반조 염불가

1.
님께서 베푸신 자비의 은혜
오늘도 감사한 맘 어찌 잊으리
가르침 따름만이 살 길이란 다짐으로
간절히 시시때때 회광반조 아미타불
백팔염주 일상화로 기어이 크게 깨쳐
크나큰 님의 은혜 갚으리라 아미타불

2.
본래에 드러난 나인 걸 몰라
낙원을 고해로서 사는 삶이니
가르침 따름만이 살 길이란 다짐으로
반조의 아미타불 나도 잊은 삼매의 앎
깨닫기에 좋은 때니 기어이 원을 이뤄
금생에 구제중생 불은 갚길 아미타불

부처님 은혜 2

낙엽이 지고 국향이 짙을 땐
부처님의 고고한 말씀 법계화되고
대승보살 나투어 그릇 따라 베푼 법문에
만난 사람 모두가 깨쳐
두타보림 수행을 하여
있는 그곳 극락이어서
걸음 걸음 상쾌한 가슴
입가에 미소 언제나 번지는
대자유 삶 누릴지어다
고맙습니다 참 고맙습니다
촌각인들 부처님 은혜
그 어찌한들 잊을 날 있으리
불은 갚는 그날까지는
서원 향해 뛸 것입니다
서원 향해 다할 것입니다

성중성인 오셨네

1.
음력사월 초파일은
온 누리의 제일이신
성중성인 부처님이
이 땅 위에 오신 날
괴로움을 낙원으로
어두움을 광명으로
바꾸려는 숙원을
시작하신 날, 너나 없이
모두 함께 경축하세
모두 함께 경축하세

2.
음력사월 초파일은
온 누리의 제일이신
성중성인 부처님이
이 땅 위에 오신 날
너를 알란 그 가르침
펼치려고 오심이니
자아완성 이룩해
우리 이 땅 이대로를
낙원으로 누려보세
낙원으로 누려보세

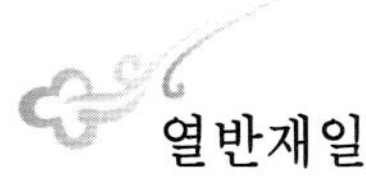

열반재일

1.
인연 다함 아시기에 구제방편 거두시어
열반 드신 그 자재는 그 누구가 흉내인들 내오리까
오고 감을 뜻대로 한 거룩함에
정례합니다 정례합니다

2.
대자대비 거룩하신 가르치심
이 세상에 길이길이 펼쳐져서 그 언젠가 이 고해가
낙원으로 되는 날을 믿는 마음
우러러서 정례합니다 정례합니다

성도재일

1.
찬양합니다 찬양합니다 도 이루심 찬양합니다
이 세상에 그 어떤 일인들 이보다 기쁘고 거룩한 일 있으리
그 옛날의 오늘 이룬 부처님의 광명지혜 없었다면
중생들이 생사고통 면할 길을 감히 어찌 알았으리
감사합니다 감사합니다

2.
맹세합니다 맹세합니다 부처님의 뒤를 이어서
생사고통 영원히 면하게 이끄신 봉화의 바른 불빛
지혜로 어둔 그늘 모두 밝혀 부처님의 세상으로 바꿔놓는
그 일에서 제일가는 모습 보여 부처님의 은혜 갚음
지켜보소서 지켜보소서

믿고 따르세

1.
고해 일러 낙원이라 한 불보살님
그 말씀의 진실한 경지 알려거든
보고 듣는 그곳 향해 명상하게
명상으로 분별 망상 없어지고
고요로움 극해지면 불멸의 나 깨치네

2.
참나 깨친 밝은 지혜로 선행 닦아
사상 없는 일상의 생활 이루는 날
고해 일러 낙원이란 말씀의 뜻
내 뜻 되어 큰 웃음을 껄껄 짓고
대장부로 삼계 구할 서원 세워 행하리

신명을 다하리

사바세계 사는 그게 죄를 짓는 바탕이라
크나큰 자비로써 이끄시는 가르침에
신명 다해 따름으로 두텁다는 업 녹으면
무명 깨고 자성 밝혀 큰 웃음을 지으리니
그날에 가르치신 큰 은혜를 갚으리라
어떤 고난 있다 해도 큰 의지로 극복해서
온누리를 정토의 낙원으로 이루리라

관음가

꽃을 보아도 먼 산을 보아도
그리움 그리움이 더해진
관세음 관세음은 포근한 품이랍니다
기쁠 때에도 어려울 때에도
자애로 다가오셔 힘이 되신
관세음 관세음은 포근한 품이랍니다

부처님께 바치는 마음

1.
늘 새롭게 태어남으로
누리는 삶을 깨닫게 이끌어주신 부처님
어찌 감사함으로 만족하리까
부처님처럼 관세음처럼
닦고 이루고 갖추어서
베풂으로 구제하는 맘
구류가 다한 날까지 최선 다함만이
크나큰 은혜 갚음이라
영원히 신명 다할 겁니다

2.
늘 새롭게 태어남으로
오늘도 또한 내일도 함 없는 함의 즐거움
어찌 누림으로만 만족하리까
부처님처럼 관세음처럼
그리 되도록 최선 다해
구류들을 구제해내는
대자비 무장으로써 신명 다함만이
크나큰 은혜 갚음이라
부처님 전에 합장합니다

교화가

1.
주장자 떨쳐메고 방랑 삼천계
흰구름 뜬 고개 넘어 오신 님이 누구뇨
사바세계 중생들을 구제를 할 때
갖은 방편 어려움도 웃어넘는 스승님

2.
주장자 떨쳐메고 방랑 삼천계
흰구름 뜬 고개 넘어 오신 님이 누구뇨
구류중생 그릇 따라 교화를 할 때
제 안경에 갖은 시비 웃어넘는 스승님

3.
주장자 떨쳐메고 방랑 삼천계
흰구름 뜬 고개 넘어 오신 님이 누구뇨
화장세계 열어놓고 노래를 하며
춤을 추는 이 환희를 함께 하잔 스승님

권수가 1

1.
아니 아니 닦지는 못하리라
일분과 일각도 허송하지 말게
눈 감아 뜨는 사이 백발과 주름일세
어서 수행을 하여 영원한 참나를 알고 사세
이것 이것 이것이 뭐꼬, 뭐꼬라고 한 이것이 뭐꼬
보일 듯이 아니 보이고 이룰 듯하다가 놓쳤으니
하루하루가 태산만 같게 커져만 가는 게 의심일세
얼씨구나 좋다, 지화자 좋네, 아니 닦지는 못하리라

2.
아니 아니 닦지는 못하리라
한 송이 떨어진 꽃을 낙화진다고 서러워 마라
한번 피었다 꽃이 지듯 우리 저렇듯 지고 마는
슬픈 나날이 흘러 흘러 흘러만 가니 어이 하리
차착각, 저 초침소리 검은 옷으로 다가오는
저승의 사자소리, 어찌 아니 슬플쏜가
숙명적인 인과라 해도 극복해 넘기에 어려웁네
얼씨구나 좋다, 지화자 좋네, 아니 닦지는 못하리라

권수가 2

1.
아니 아니 닦지는 못하리라
적적요요 달 밝은 밤에 단정히 눈을 감은
깊은 삼매, 대상 없는 낙에 취해 짓는 미소
한산 습득이 즐겨 누리는 그 낙이 아니던가
모두들 저런 낙을 누리려거든 닦고 닦소
삼세 모든 불보살님도 두타의 수행을 인내로써
하루하루를 수행해 왔던 결실로 얻어진 과위라네
얼씨구나 좋다, 지화자 좋네, 아니 닦지는 못하리라

2.
아니 아니 닦지는 못하리라
어지러운 번뇌망상, 털고 이룬 보리마음
모든 속박 다 떨치고 호연지기를 누리는데
송죽바람 솔솔 향기, 그윽하고 그윽하네
산새도 노래하니 너도 좋고 나도 좋다
삼세제불 무현금에 역대조사 무공적의
명월삼경 이 좋은 밤을 두둥실 두둥실 즐겨보세
얼씨구나 좋다, 지화자 좋네, 아니 닦지는 못하리라

고맙습니다

1.
이런 이도 고마웁고
저런 이도 고마우며
모두가 고맙습니다
이런 일도 없었고
저런 일도 없었고
모두가 없었다면
백겁천생 몹쓸 업장
닦지 못했을 걸
고마워요 고마워요
정말 정말 고맙습니다

2.
어려운 일 없었다면
안 되는 일 없었다면
고마움 알았으리오
참을 인자 공덕이
어질 인자 공덕이
이리도 큰 거란 걸
알고 보니 님의 은혜
님의 은혜일세
고마워요 고마워요
정말 정말 고맙습니다

출가재일

1.
장하십니다 장하십니다 그 의지가 장하십니다
이 세상의 모든 사람 탐을 내는 왕의 지위와
왕비와의 궁중낙을 미련없이 버리시고
고행수도 하겠다 한 굳은 의지 머리 숙여
찬탄합니다 찬탄합니다

2.
장하십니다 장하십니다 갖은 역경 부딪쳐서도
초지일관 변함없음 우러러서 존경합니다
나 밖에서 찾으려는 어리석음 버리고서
내 안에서 찾으려 한 깨침 향한 굳은 의지
찬탄합니다 찬탄합니다

도서출판 문젠(Moonzen Press)의 책들

출간 도서

바로보인 전등록 전 5권
바로보인 무문관
바로보인 벽암록
바로보인 천부경 · 교화경 · 치화경
바로보인 금강경
세월을 북채로 세상을 북삼아
영원한 현실
바로보인 신심명
바로보인 환단고기 전 5권
바로보인 선문염송 전 30권
앞뜰에 국화꽃 곱고 북산에 첫눈 희다
바로보인 증도가
바로보인 반야심경
선을 묻는 그대에게 1 · 2
바로보인 선가귀감
바로보인 법융선사 심명
주머니 속의 심경
바로보인 법성게
달다 -전강 대선사 법어집
기우목동가
초발심자경문
방거사어록
실증설
하택신회대사 현종기
불조정맥 - 한 · 영 · 중 3개국어판
바른 불자가 됩시다
누구나 궁금한 33가지
108진참회문 - 한 · 영 · 중 3개국어판
달마의 일할도 허락지 않는다
마음대로 앉아 죽고 서서 죽고
화두 3개국어판 - 한 · 영 · 중
바로보인 간당론
완전한 우리말 불공예식법
바로보인 유마경
실증설 5개국어판 - 한 · 영 · 불 · 서 · 중
누구나 궁금한 33가지 3개국어판 -한 · 영 · 중
달마의 일할도 허락지 않는다 3개국어판 - 한 · 영 · 중
법성게 3개국어판 - 한 · 영 · 중
정법의 원류
바로보인 도가귀감
바로보인 유가귀감
화엄경 81권
바로보인 전등록 전 30권

출간예정 도서

바로보인 능엄경 제6권
바로보인 원각경
바로보인 육조단경
바로보인 대전화상주 심경
바로보인 위앙록
해동전등록 전 10권
말 밖의 말
언어의 향기
농선 대원 선사 선송집
진리와 과학의 만남
바로보인 5대 종교
금강경 야부송과 대원선사 토끼뿔
선재동자 참알 오십삼선지식
경봉선사 혜암선사 법을 들어 설하다
십현담 주해
불교대전
태고보우선사 어록

1. 바로보인 전등록 (전30권을 5권으로)

7불과 역대 조사의 말씀이 1,700공안으로 집대성되어 있는 선종 최고의 고전으로, 깨달음의 정수가 살아 숨쉬도록 새롭게 번역되었다.
464, 464, 472, 448, 432쪽.
각권 18,000원

2. 바로보인 무문관

황룡 무문 혜개 선사가 저술한 공안집으로 전등록, 선문염송, 벽암록 등과 함께 손꼽히는 선문의 명저이다.
본칙 48개와 무문 선사의 평창과 송, 여기에 역저자인 대원선사의 도움말과 시송으로 생명과 같은 선문의 진수를 맛보여 주고 있다.
272쪽. 12,000원

3. 바로보인 벽암록

설두 선사의 설두송고를 원오 극근 선사가 수행자에게 제창한 것이 벽암록이다.
이 책은 본칙과 설두 선사의 송, 대원선사의 도움말과 시송으로 이루어져, 벽암록을 오늘에 맞게 바로 보이고 있다.
456쪽. 15,000원

4. 바로보인 천부경

우리 민족 최고(最古)의 경전 천부경을 깨달음의 책으로 새롭게 바로 보였다. 이 책에는 81권의 화엄경을 81자에 함축한 듯한 천부경과, 교화경, 치화경의 내용이 함께 담겨 있으며, 역저자인 대원선사가 도움말, 토끼뿔, 거북털 등으로 손쉽게 닦아 증득하는 문을 열어 놓고 있다.
432쪽. 15,000원

5. 바로보인 금강경

대원선사의 『바로보인 금강경』은 국내 최초로 독창적인 과목을 내어 부처님과 수보리 존자의 대화 이면의 숨은 뜻을 드러내고, 자문과 시송으로 본문의 핵심을 꿰뚫어 밝혀, 금강경 전체를 손바닥 안의 겨자씨를 보듯 설파하고 있다.
488쪽. 15,000원

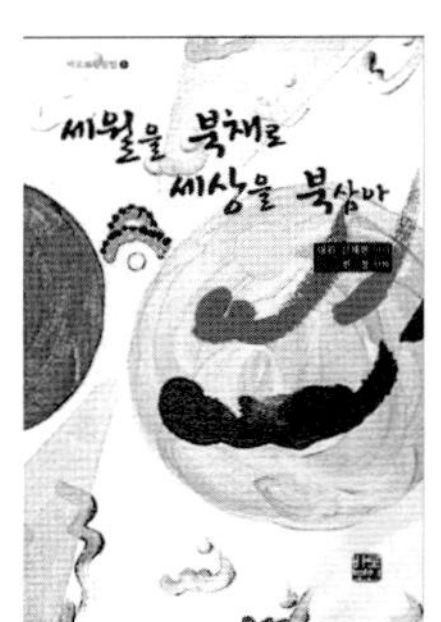

6. 세월을 북채로 세상을 북삼아

대원선사의 선시가 담긴 선시화집 『세월을 북채로 세상을 북삼아』는 선과 시와 그림이 정상에서 만나 어우러진 한바탕이다.
선의 세계를 누리는 불가사의한 일상의 노래, 법열의 환희로 취한 어깨춤과 같은 선시가 생생하고 눈부시게 내면의 소리로 흐른다.
180쪽. 15,000원

7. 영원한 현실

애매모호한 구석이 없이 밝고 명쾌하여, 너무도 분명함에 오히려 그 깊이를 헤아리기 어려운, 대원선사의 주옥같은 법문을 모아 놓은 법문집이다.
400쪽. 15,000원

8. 바로보인 신심명

신심명은 양끝을 들어 양끝을 쓸어버리는, 40대치법으로 이루어진, 3조 승찬 대사의 게송이다. 이를 대원선사가 바로 번역하는 것은 물론, 주해, 게송, 법문을 더해 통쾌하게 회통하고 자유자재 농한 것이 이 『바로보인 신심명』이다.
296쪽. 10,000원

9. 바로보인 환단고기 (전5권)

『바로보인 환단고기』 1권은 민족정신의 정수인 환단고기의 진리를 총정리하여 출간하였다. 2권에는 역사총론과 태초에서 배달국까지 역사가 실려 있으며, 3권은 단군조선, 4권은 북부여에서부터 고려까지의 역사가 실려 있다. 5권에는 역사를 증명하는 부록과 함께 환단고기 원문을 실었다. 344 · 368 · 264 · 352 · 344쪽. 각권 12,000원

10. 바로보인 선문염송 (전30권)

선문염송은 세계최대의 공안집이다. 전 공안을 망라하다시피 했기에 불조의 법 쓰는 바를 손바닥 들여다보듯 하지 않고는 제대로 번역할 수 없다. 대원선사는 전 공안을 바로 참구할 수 있게끔 번역하고 각 칙마다 일러보였다. 352 368 344 352 360 360 400 440 376 392 384 428 410 380 368 434 400 404 406 440 424 460 472 456 504 528 488 488 480 512쪽. 각권 15,000원

11. 앞뜰에 국화꽃 곱고 북산에 첫눈 희다

대원선사의 선문답집으로 전강 · 경봉 · 숭산 · 묵산 선사와의 명쾌한 문답을 실었으며, 중앙일보의 <한국불교의 큰스님 선문답> 열 분의 기사와 기자의 질문에 대한 대원선사의 별답을 함께 실었다.
200쪽. 5,000원

12. 바로보인 증도가

선종사에 사라지지 않을 발자취로 남은 영가 선사의 증도가를 대원선사가 번역하고 법문과 송을 더하였다.
자비의 방편인 증도가의 말씀을 하나하나 쳐가는 선사의 일갈이야말로 영가 선사의 본 의중과 일치하여 부합하는 것이라 아니할 수 없다.
376쪽. 10,000원

13. 바로보인 반야심경

이 시대의 야부(冶父)선사, 대원선사가 최초로 반야심경에 과목을 붙여 반야심경 내면에 흐르는 뜻을 밀밀하게 밝혀놓고 거침없는 송으로 들어보였다.
264쪽. 10,000원

14. 선(禪)을 묻는 그대에게 (전10권 중 2권)

대원선사의 선수행에 대한 문답집.

깨달아 사무친 경지에 대한 밀밀한 점검과, 오후보림에 대한 구체적인 수행법 제시와, 최초의 무명과 우주생성의 원리까지 낱낱이 설한 법문이 담겨 있다.
280쪽, 272쪽. 각권 15,000원

15. 바로보인 선가귀감

선가귀감은 깨닫고 닦아가는 비법이 고스란히 전수되어 있는 선가의 거울이라 할 만하다. 더욱이 바로보인 선가귀감은 매 소절마다 대원선사의 시송이 화살을 과녁에 적중시키듯 역대 조사와 서산대사의 의중을 꿰뚫어 보석처럼 빛나고 있다.
352쪽. 15,000원

16. 바로보인 법융선사 심명

심명 99절의 한 소절, 한 소절이 이름 그대로 마음에 새겨두어야 할 자비광명들이다.
이 심명은 언어와 문자이면서 언어와 문자를 초월한 일상을 영위하게 하는 주옥같은 법문이다.
278쪽. 12,000원

17. 주머니 속의 심경

반야심경은 부처님께서 설하신 경 중에서도 절제된 경으로 으뜸가는 경이다. 대원선사의 선송(禪頌)도 그 뜻을 따라 간략하나 선의 풍미를 한껏 담고 있다. 하루에 한 소절씩을 읽고 참구한다면 선 수행의 지름길이 될 것이다.

84쪽. 5,000원

18. 바로보인 법성게

법성게는 한마디로 화엄경의 핵심부를 온통 훤출히 드러내놓은 게송이다. 짧은 글 속에 일체의 법을 이렇게 통렬하게 담아놓은 법문도 드물 것이다.

이렇게 함축된 법성게 법문을 대원선사가 속속들이 밀밀하게 설해놓았다.

176쪽. 10,000원

19. 달다 - 전강 대선사 법어집

이제는 전설이 된 한국 근대선의 거목인 전강 선사님의 최상승법과 예리한 지혜, 선기로 넘쳤던 삶이 생생하게 담겨 있는 전강 대선사 법어집 〈달다〉!

전강 대선사님의 인가 제자인 대원선사가 전강 대선사님의 법거량과 법문, 일화를 재조명하여 보였다.

368쪽. 15,000원

20. 기우목동가

그 뜻이 심오하여 번역하기 어려웠던 말계 지은 선사의 기우목동가!

대원선사가 바른 뜻이 드러나도록 번역하고, 간결한 결문과 주옥같은 선송으로 다시 보였다.

146쪽. 10,000원

21. 초발심자경문

이 초발심자경문은 한문을 새기는 힘인 문리를 터득하게 하기 위하여 일부러 의역하지 않고 직역하였다.
대원선사의 살아있는 수행지침도 실려 있다.
266쪽. 10,000원

22. 방거사어록

방거사어록은 선의 일상, 선의 누림을 보여주는 대표적인 선문이다. 역저자인 대원선사는 방거사어록의 문답을 '본연의 바탕에서 꽃피우는 일상의 함'이라 말하고 있다. 법의 흔적마저 없는 문답의 경지를 온전하게 드러내 놓은 번역과, 방거사와 호흡을 함께 하는 듯한 '토끼뿔'이 실려 있다.

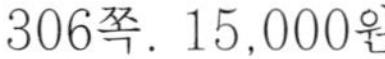
306쪽. 15,000원

23. 실증설

이 책은 대원선사가 2010년 2월 14일 구정을 맞이하여 불자들에게 불법의 참뜻을 보이기 위해 홀연히 펜을 들어 일시에 써내려간 법문을 모태로 하였다. 실증한 이가 아니고는 설파할 수 없는 성품의 이치를 자문자답과 사제간의 문답을 통해 1, 2, 3부로 나눠 실증하여 보이고 있다.
224쪽. 10,000원

24. 하택신회대사 현종기

육조대사의 법이 중국천하에 우뚝하도록 한 장본인, 하택신회대사의 현종기. 세간에 지해종도(知解宗徒)로 알려져 있는 편견을 불식시키는 뛰어난 깨달음의 경지가 여기에 담겨있다. 대원선사가 하택신회대사의 실경지를 드러내고 바로보임으로써 빛냈다.
232쪽. 10,000원

25. 불조정맥 - 韓 · 英 · 中 3개국어판

석가모니불로부터 현 78대에 이르기까지 불조정맥진영(佛祖正脈眞影)과 정맥전법게(正脈傳法偈)를 온전하게 갖춘 최초의 불조정맥서. 대원선사가 다년간 수집, 정리하여 기도와 관조 끝에 완성한 『불조정맥』을 3개국어로 완역하였다.
216쪽. 20,000원

26. 바른 불자가 됩시다

참된 발심을 하여 바른 신앙, 바른 수행을 하고자 해도, 그 기준을 알지 못해 방황하는 불자님들을 위해 불법의 바른 길잡이 역할을 하도록 대원선사가 집필하여 출간하였다.
162쪽. 10,000원

27. 누구나 궁금한 33가지

21세기의 인류를 위해 모든 이들이 가장 어렵고 궁금해 하는 문제, 삶과 죽음, 종교와 진리에 대한 바른 지표를 제시하고자 대원선사가 집필하여 출간하였다.
180쪽. 10,000원

28. 108진참회문 - 韓 · 英 · 中 3개국어판

전생의 모든 악연들이 사라져 장애가 없어지고, 소망하는 삶을 살게 하기 위해 대원선사가 10계를 위주로 구성한 108 항목의 참회문이다. 한 대목마다 1배를 하여 108배를 실천할 것을 권한다.
170쪽. 15,000원

29. 달마의 일할도 허락지 않는다

대원선사의 짧고 명쾌한 법문집.
책을 잡는 순간 달마의 일할도 허락지 않는 선기와 맞닥뜨리게 될 것이다. 때로는 하늘을 찌를 듯한 기세와, 때로는 흔적 없는 공기와도 같은 향기를 일별하기를…
190쪽. 10,000원

30. 마음대로 앉아 죽고 서서 죽고

생사를 자재한 분들의 앉아서 열반하고 서서 열반한 내력은 물론 그분들의 생애와 법까지 일목요연하게 수록해놓았다.
446쪽. 15,000원

31. 화두 3개국어판 – 韓 · 英 · 中

『화두』는 대원선사의 평생 선문답의 결정판이다. 생생하게 살아있는 선(禪)을 한 · 영 · 중 3개국어로 만날 수 있다. 특히 대원선사의 짧은 일대기가 실려 있어 그 선풍을 음미하는 데에 큰 도움을 주고 있다.
440쪽. 15,000원

32. 바로보인 간당론

법문하는 이가 법리를 모르고 주장자를 치는 것을 눈먼 주장자라 한다. 법좌에 올라 주장자 쓰는 이들을 위해서 대원선사가 간당론에서 선리(禪理)만을 취하여 『바로보인 간당론』을 출간하였다.
218쪽. 20,000원

33. 완전한 우리말 불공예식법

부처님께 공양을 올리고 불보살님의 가피를 구하는 예법 등을 총칭하여 불공예식법이라 한다. 대원선사가 이러한 불공예식의 본뜻을 살려서 완전한 우리말본 불공예식법을 출간하였다.
456쪽. 38,000원

34. 바로보인 유마경

유마경은 불법의 최정점을 찍는 경전이라 할 것이니, 불보살님이 교화하는 경지에서의 깨달음의 실경과 신통자재한 방편행을 보여주는 최상승 경전이다. 대원선사가 〈대원선사 토끼뿔〉로 이 유마경에 걸맞는 최상승법을 이 시대에 다시금 드날렸다.
568쪽. 20,000원

35. 실증설
5개국어판 – 韓・英・佛・西・中

대원선사가 불법의 참뜻을 보이기 위해 홀연히 펜을 들어 일시에 써내려간 실증설! 실증한 이가 아니고는 설파할 수 없는 도리로 가득한 이 책이 드디어 영어, 불어, 스페인어, 중국어를 더하여 5개국어로 편찬되었다.
860쪽. 25,000원

36. 누구나 궁금한 33가지
3개국어판 – 韓・英・中

누구라도 풀어야 할 숙제인 33가지의 의문에 대한 답을 21세기의 현대인에게 맞는 비유와 언어로 되살린 『누구나 궁금한 33가지』가 한글, 영어, 중국어 3개국어로 출간되었다.
408쪽. 15,000원

37. 달마의 일할도 허락지 않는다
3개국어판 - 韓 · 英 · 中

대원선사의 짧고 명쾌한 법문집인 『달마의 일할도 허락지 않는다』가 한글, 영어, 중국어 3개국어로 출간되었다. 전세계에서 유일하게 활선의 가풍이 이어지고 있는 한국, 그 가운데에서도 불조의 정맥을 이은 대원선사가 살활자재한 법문을 세계로 전하고 있는 책이다.
308쪽. 15,000원

38. 화엄경 (전81권)

대원선사는 선문염송 30권, 전등록 30권을 모두 역해하여 세계 최초로 1,463칙 전 공안에 착어하였다. 이러한 안목으로 대천세계를 손바닥의 겨자씨 들여다보듯 하신 불보살님들의 지혜와 신통으로 누리는 불가사의한 화엄세계를 열어 보였다.
220쪽. 각권 15,000원

39. 법성게 3개국어판 - 韓 · 英 · 中

법성게는 한마디로 화엄경의 핵심부를 훤출히 드러내놓은 게송으로 짧은 글 속에 일체 법을 고스란히 담아 놓았다. 대원선사의 통쾌한 법성게 법문이 한영중 3개국어로 출간되었다.
376쪽. 15,000원

40. 정법의 원류

『정법의 원류』는 불조정맥을 이은 정맥선원의 소개서이다. 정맥선원은 불조정맥 제77조 조계종 전강 대선사의 인가 제자인 대원 전법선사가 주재하는 도량이다. 『정법의 원류』를 통해 정맥선원 대원선사의 정맥을 이은 법과 지도방편을 만날 수 있다.
444쪽. 20,000원

41. 바로보인 도가귀감

도가귀감은, 온통인 마음〔一物〕을 밝혀 회복함으로써, 생사를 비롯한 모든 아픔과 고를 여의어, 뜻과 같이 누려서 살게 하고자 한 도교의 뜻을, 서산대사가 밝혀놓은 책이다. 대원선사가 부록으로 도덕경의 중대한 대목을 더하고, 그 대목대목마다 결문(決文)하였다.
218쪽. 12,000원

42. 바로보인 유가귀감

유가귀감은 서산대사가 간추려놓은 구절로서, 간결하지만 심오하기 그지없으니, 간략한 구절 속에서 유교사상을 미루어볼 수 있게 하였다. 대원선사가 그 뜻이 잘 드러나게 번역하고 그 대목대목마다 결문(決文)하였다.
236쪽. 15,000원

43. 바로보인 전등록 (전30권)

7불로부터 52세대까지 1,701명 선지식의 깨달음의 진수가 담긴 전등록 30권에 농선 대원 선사가 선리(禪理)의 토끼뿔을 더해 닦아 증득하는데 도움이 되도록 하였다.
288쪽. 각권 15,000원

농선 대원 선사 법문 mp3 주문 판매

* 천부경 : 15,000원
* 신심명 : 30,000원
* 현종기 : 65,000원
* 기우목동가 : 75,000원
* 반야심경 : 1회당 5,000원 (총 32회)
* 선가귀감 : 1회당 5,000원 (총 80회)
* 금강경 : 40,000원
* 법성게 : 10,000원
* 법융선사 심명 : 100,000원

농선 대원 선사 작사 CD 주문 판매

* 가슴으로 부르는 불심의 노래 1,2,3집 각 : 1만 5천원
* 유튜브에서 채널 구독하시고 무료로 찬불가 앨범을 감상하세요

주문 문의 ☎ 031-534-3373

유튜브에서 채널 구독하시고
무료로 찬불가 앨범을 감상하세요

유튜브에서 MOONZEN을 검색하시거나
아래의 주소로 접속해주세요

http://www.youtube.com/user/officialMOONZEN